2021年国家法律职业资格考试

Criminal Law

罗翔讲刑法

主观题 冲刺一本通

罗　翔◎编著　厚大出品

中国政法大学出版社

笑看人生峰高处　唯有磨难多正果

做法治之光

——致亲爱的考生朋友

如果问哪个群体会真正认真地学习法律，我想答案可能是备战法考的考生。

当厚大的老总力邀我们全力投入法考的培训事业，他最打动我们的一句话就是：这是一个远比象牙塔更大的舞台，我们可以向那些真正愿意去学习法律的同学普及法治的观念。

应试化的法律教育当然要帮助同学们以最便捷的方式通过法考，但它同时也可以承载法治信念的传承。

一直以来，人们习惯将应试化教育和大学教育对立开来，认为前者不登大雅之堂，充满填鸭与铜臭。然而，没有应试的导向，很少有人能够真正自律到系统地学习法律。在许多大学校园，田园牧歌式的自由放任也许能够培养出少数的精英，但不少学生却是在游戏、逃课、昏睡中浪费生命。人类所有的成就靠的其实都是艰辛的训练；法治建设所需的人才必须接受应试的锤炼。

应试化教育并不希望培养出类拔萃的精英，我们只希望为法治建设输送合格的人才，提升所有愿意学习法律的同学整体性的法律知识水平，培育真正的法治情怀。

厚大教育在全行业中率先推出了免费视频的教育模式，让优质的教育从此可以遍及每一个有网络的地方，经济问题不会再成为学生享受这些教育资源的壁垒。

最好的东西其实都是免费的，阳光、空气、无私的爱，越是弥足珍贵，越是免费的。我们希望厚大的免费课堂能够提供最优质的法律教育，一如阳光遍洒四方，带给每一位同学以法律的温暖。

没有哪一种职业资格考试像法考一样，科目之多、强度之大令人咂舌，这也是为什么通过法律职业资格考试是每一个法律人的梦想。

法考之路，并不好走。有沮丧、有压力、有疲倦，但愿你能坚持。

坚持就是胜利，法律职业资格考试如此，法治道路更是如此。

当你成为法官、检察官、律师或者其他法律工作者，你一定会面对更多的挑战、更多的压力，但是我们请你持守当初的梦想，永远不要放弃。

人生短暂，不过区区三万多天。我们每天都在走向人生的终点，对于每个人而言，我们最宝贵的财富就是时间。

感谢所有参加法考的朋友，感谢你愿意用你宝贵的时间去助力中国的法治建设。

我们都在借来的时间中生活。无论你是基于何种目的参加法考，你都被一只无形的大手抛进了法治的熔炉，要成为中国法治建设的血液，要让这个国家在法治中走向复兴。

数以万计的法条，盈千累万的试题，反反复复的训练。我们相信，这种貌似枯燥机械的复习正是对你性格的锤炼，让你迎接法治使命中更大的挑战。

　　亲爱的朋友，愿你在考试的复习中能够加倍地细心。因为将来的法律生涯，需要你心思格外的缜密，你要在纷繁芜杂的证据中不断搜索，发现疑点，去制止冤案。

　　亲爱的朋友，愿你在考试的复习中懂得放弃。你不可能学会所有的知识，抓住大头即可。将来的法律生涯，同样需要你在坚持原则的前提下有所为、有所不为。

　　亲爱的朋友，愿你在考试的复习中沉着冷静。不要为难题乱了阵脚，实在不会，那就绕道而行。法律生涯，道阻且长，唯有怀抱从容淡定的心才能笑到最后。

法律职业资格考试不仅仅是一次考试，它更是你法律生涯的一次预表。

我们祝你顺利地通过考试。

不仅仅在考试中，也在今后的法治使命中——

不悲伤、不犹豫、不彷徨。

但求理解。

厚大全体老师　谨识

前 言
FOREWORD

絮　语

按照惯例，新的书籍需要一个前言。所以借此机会，给大家絮叨一下主观题应对的策略。

首先，依然是基础知识。

所有标准化的考试考查的都是一个法科学生最应该掌握的基础知识。主观题看似比客观题要难，但其实不过是客观题知识点的扩充与展开。在客观题中，你只需要选中答案，即便蒙对也算对。但在主观题中，你不仅要知道结论，而且还要知道结论的推导过程。但是，主观题所考查的知识点和客观题一样，依然还是基础知识，而且是在客观题知识范围内的再精简。

因此，本书所关注的是最核心的基础知识，只讲授考试的富矿区。在最后的冲关阶段，希望同学们不要在次要的贫矿区知识点上徒劳无功。

然而，有部分同学非常恐惧主观题可能考查的观点展示类题目。其实，这个恐惧完全可以忽视。如果从学术讨论的角度，所有的刑法理论学说都至少有三种观点（正说、反说、折衷说）。但是考试的复习不可能大海捞针，而只能有所放弃地重点突破。本书给同学们献上了观点展示的十二个拼盘，对于那些只想通过法考而非幻想得满分、高分的同学，掌握这些知识点足矣。

其次，反复训练，掌握做题的必要技巧。

人类所有的成就靠的都是不断地训练。因此，同学要反复地做真题，在真题中感受考点，在真题中熟悉考点。同时，本书还给同学们准备了大量仿真的模拟题，帮助同学们进一步熟悉考点、预测考点，克服对考试的恐惧。

通过做题，希望同学们一定要掌握必要的技巧。最重要的技巧一个是答题的方法，一个是速度优先的策略。所谓答题方法就是言简意赅，定性之后要写法律后果。主观题答题切忌长篇大论，只要点到为止，就可以得高分。比如某个试题测试自首和坦白的区别，你所要写在考卷上的就是"行为人构成自首，因为其自动投案，如实供述"。同时，写上自首的法律后果："对于自首，可以从轻或减轻处罚，情节较轻的，可以免除处罚"。没有必要再展开，更不用引述法条，浪费时间。

另外，速度是做题的关键。一个非常吊诡的现象是，很多时候学得越好的同学越是难以通过法考。一个重要的原因就是写得太多，为了展示自己的才华长篇大论，所有的知识点都要来一个学说展示，浪费宝贵的时间。本来三百字可以写完的题目，结果写了数千字，以致后面许多题目没有做完。

因此，答完题是大家首要的目标。任何题目，不管你知与不知，半个小时一定要做完。出题的规律往往是越后面的题目越简单，越前面的题目越复杂。当你拿到试卷，前面几道题让你丈二和尚摸不着头脑，以至于想放弃。但是人要有从容大度的境界，牌抓得再差，也要打完。学会放弃，路会越走越宽，越走越顺。法考其实也是在考查同学们的性格，只有那些从容大度的人才适合成为法治建设的中流砥柱。

最后，还要有持之以恒的决心。

到了最后关头，坚持到底本身就是一种考验。英国首相丘吉尔在第二次世界大战期间，最喜欢说的一句话就是"NEVER GIVE UP"（决不放弃）。如果把法考比作一场战役，那么大家也一定要有决不放弃的精神，这样才可以应对人生各种各样的大战小战。

人生唯一应当恐惧的就是恐惧本身，愿本书帮助大家挪去恐惧，从容应对主观题的考试。

联系方式：新浪微博@刑法学人罗翔

微信公众号@罗翔说刑法

罗 翔

2021 年 7 月

目 录 CONTENTS

第 2 编 主观题的基本套路

一、刑法的机能和罪刑法定

（一）刑法的机能

双重机能：①保护机能（保护法益）；②保障机能（保障人权）。

※从刀把子到双刃剑——刑法不仅要面对犯罪人以保护国家，也要面对国家保护犯罪人，不单面对犯罪人，也要面对检察官保护市民，成为公民反对司法专横和错误的大宪章。（〔德〕拉德布鲁赫）

（二）罪刑法定原则★★★

理论基础：三权分立学说（立法权、司法权和行政权都要受到严格的约束）。

罪刑法定原则允许扩张，但却禁止类推：扩张解释是将刑法规范可能蕴含的最大含义揭示出来，是在一定限度内的解释极限化；类推解释是将刑法规范本身没有包含的内容解释进去，是解释的过限化。此外，扩张解释是为了正确适用法律，它并不产生新的法规，没有超越公民的合理预期；而类推解释则将产生新的规则，也超越了公民的合理预期。

二、单位犯罪和不作为犯

（一）单位犯罪

1. 单位人格否定

个人为进行违法犯罪活动而设立的公司、企业、事业单位实施犯罪的；公司、企业、事业单位设立后，以实施犯罪为主要活动的。

2. 立法解释

公司、企业、事业单位、机关、团体等单位实施刑法规定的危害社会的行为，刑法分则和其他法律未规定追究单位的刑事责任的，对组织、策划、实施该危害社会行为的人依法追究刑事责任。

（二）不作为犯

不作为	即应为而不为，如遗弃罪。
	成立不作为犯罪的三个条件： （1）须有义务（而不尽），义务源于： ①法律规定。 ②职务或业务要求。 ③法律地位或法律行为，如对自己管理的动物、建筑物有防止其危害他人的义务；合同行为或自愿接受行为。 ④先行行为，如带邻居小孩去游泳，则有义务将其平安带回。 （2）须有能力（而不为）。如撞了他人自己也重伤，无法救助则不因不救助而定罪。 （3）有损害结果，损害结果与不作为有因果关系。（行为人有防止结果发生的可能性）
法律法规明确规定的义务	（1）不要求这些义务必须是刑法明文要求的作为义务，宪法、民商经济法和行政法律法规规定的义务都可以成为刑法上不作为的义务来源，但是这些法律法规规定的义务必须经过刑法的确认，即刑法对于不履行法律法规规定的义务的行为必须规定为犯罪。 （2）注意区分监护义务和扶助义务。配偶之间一般只有扶助义务，而无监护义务，对于妻子的犯罪行为，丈夫没有制止义务。但是妻子生病，丈夫有救助义务。
职务或业务要求	注意警察和医生。
法律地位或法律行为	（1）合同行为；（即使无效或超期也不影响） （2）自愿接受行为（包括危险共同体）：只有形成了主控支配的自愿接受才会产生作为义务，如果还没有形成这种主控支配，自然就无法产生作为义务。（机会剥夺理论）

续表

先前行为	（1）先前行为：行为人的行为导致法益处于危险状态时，行为人负有排除危险或者防止危害结果发生的特定积极义务。（泼硫酸案） （2）必须是行为人的行为导致了危险。（不包括被害人自招危险，否则属于自我答责） （3）必须是创设了社会所禁止的危险，而非社会所允许或容忍的危险。 （4）升高危险而非减低危险。 （5）要注意正当化行为。正当化行为也可引起作为义务：紧急避险无争议；正当防卫争议较大〔如果正当防卫造成了伤害（该伤害本身不过当），具有死亡的紧迫危险，发生死亡结果就会过当，那么，应当肯定正当防卫人具有救助义务〕。
不作为犯的罪过	故意或过失。

三、刑法上的因果关系★★★

概　念	刑法中的因果关系是指危害行为与危害结果之间引起与被引起的合乎规律的联系。这里的危害行为一般是指实行行为，而不包括预备行为。
判断标准	相当因果关系说，该说是对条件说进行限制的一种理论。 （1）条件说认为，如果没有前行为就没有后结果时，前者就是后者的原因。由于条件说可能会导致处罚范围的扩大，因此必须对它有所限制。 （2）相当因果关系说认为，条件说得出的只是"事实上的因果关系"，在事实上的因果关系的前提下，还应进行相当性的判断，得出"法律上的因果关系"。显然，这是借助"相当性"这个概念对条件说进行限制，按照这种理论，只有根据一般社会生活经验，行为当然地（naturally）或盖然地引起结果，才具有相当性。
介入因素	如果在因果关系的发展进程中，介入了其他因素，这就使得因果关系的判断变得非常复杂。所谓介入因素，是指介于先前行为与最后结果之间的因素。介入因素在因果链上的复杂性在于它不仅直接产生了结果，而且使得某些本来不会产生这种结果的先前行为和结果发生了某

续表

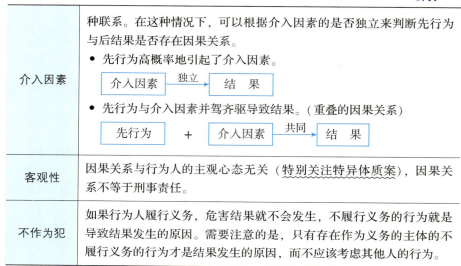

介入因素	种联系。在这种情况下，可以根据介入因素的是否独立来判断先行为与后结果是否存在因果关系。 • 先行为高概率地引起了介入因素。 • 先行为与介入因素并驾齐驱导致结果。（重叠的因果关系）
客观性	因果关系与行为人的主观心态无关（特别关注特异体质案），因果关系不等于刑事责任。
不作为犯	如果行为人履行义务，危害结果就不会发生，不履行义务的行为就是导致结果发生的原因。需要注意的是，只有存在作为义务的主体的不履行义务的行为才是结果发生的原因，而不应该考虑其他人的行为。

[注意] 介入因素——被害人自杀与因果关系

一般说来，自杀属于独立的介入因素，切断了前行为和后结果的因果关系。诸如被害人被毁容后自杀，一般认为生命权高于其他权利，所以介入因素不具有独立性，故可否定因果关系。

但是，这也存在例外，如果前行为在经验法则上足以导致被害人自杀，行为人的行为与死亡结果存在刑法上的因果关系，这又包括两种情况：

1. 为了挽救自己的生命而迫不得已。比如，甲向湖中小船开枪，船上的乙为躲避跳入水中淹死；又如，甲持刀追杀乙，一直追至顶楼，步步紧逼，乙无奈跳楼而死。

2. 司法实践中普遍认为存在高概率关系的：

[例1] 丈夫常年虐待妻子，妻子非常痛苦上吊自杀，一般认为，丈夫与妻子的死亡有因果关系，成立虐待致人死亡。

[例2] 父亲长期暴力干涉女儿婚事，女儿痛苦不堪，跳楼自杀，司法实践中普遍认为这属于暴力干涉婚姻自由致人死亡。

[例3] 相约自杀中的欺骗自杀，男方骗女方殉情跳楼，男方与女方的自杀有因果关系，构成故意杀人罪的间接正犯。

[例4]　组织和利用邪教组织制造、散布迷信邪说，蒙骗其成员或者其他人实施绝食、自残、自虐等行为，或者阻止病人进行正常治疗致人死亡，构成《刑法》第300条规定的组织和利用邪教组织蒙骗他人致人死亡罪。[1]

[例5]　组织和利用邪教组织制造、散布迷信邪说，指使、胁迫其成员或者其他人实施自杀、自伤行为的，分别以故意杀人罪或者故意伤害罪定罪处罚。

四、事实认识错误★★★

基本原则	主客观相统一原则：只要主客观在同一个构成要件内或者构成要件的重合部分能够统一，则以既遂论之；如果不能统一，则为未遂（有些未遂不可罚）；如果还符合其他犯罪构成，则以想象竞合，从一重罪论处。	
	①想杀张三，却杀了李四； ②想杀张三，却杀了李四和王五； ③想杀人，却杀了猪； ④想杀猪，却杀了人； ⑤想偷钱，却偷了枪； ⑥想偷枪，却偷了钱。	
分类标准	根据构成要件分类：具体事实错误（同一个构成要件）、抽象事实错误（不同构成要件）。	根据构成要素分类：对象错误、打击错误、因果关系错误。
处理原则	具体事实错误存在法定符合说和具体符合说两种观点。	抽象事实错误只按照法定符合说处理。
对象认识错误（主客观错误）	（1）同一构成要件中的对象认识错误，如行为人欲杀张三，却误杀了张三的哥哥。	无论是具体符合说，还是法定符合说，都认为成立故意犯罪既遂。

---

[1]　注意《刑法修正案（九）》增设了"致人重伤"的情形。

续表

对象认识错误（主客观错误）	（2）不同构成要件的对象认识错误	一律采取法定符合说，在构成要件的重合范围内成立既遂： ①法条重合。法条重合也即法条竞合，在此情况下，特别法和普通法在普通法的范围内是重合的。 ②规范重合。当两种犯罪的性质相同时，重罪的行为在客观上可以涵盖轻罪，重罪与轻罪在轻罪的范围内是重合的，如盗窃和抢劫在盗窃的范围内重合。 ③选择重合。选择重合主要针对选择性罪名中的行为对象在法律意义上的重合。
		如果不能重合，则为未遂，如果还符合其他犯罪构成，则按想象竞合处理。
打击错误，又名方法错误（客观错误，主观无错）	同一构成要件的打击错误	具体符合说与法定符合说处理不一。
	不同构成要件的打击错误	一律采取法定符合说。如欲砸人，却误砸中车，构成故意杀人罪的未遂。
	打击错误与对象错误的区别	打击错误的客观偏差产生于着手之后，而对象错误的客观错误与着手同时产生。
	具体符合说与法定符合说的区别	具体符合说关注具体的人，只要行为人所认识的犯罪事实和现实发生的犯罪事实不具体一致，那么对于实际发生的犯罪事实，就不成立故意（侵害了几个人，就要评价几次）。
		法定符合说关注抽象的人，行为人所认识到的犯罪事实和现实发生的犯罪事实在构成要件上一致的话，就成立故意（一次行为无论侵犯多少人，都只评价为一个抽象的人）。

续表

打击错误,又名方法错误(客观错误,主观无错)	具体符合说与法定符合说的区别	通说采法定符合说。具体符合说与法定符合说在认定对象错误上没有分歧,只在认定打击错误上有分歧。 ①甲射杀乙,但却误伤丙,致丙死亡; ②甲射杀乙,致乙负伤,且误中丙,致其死亡; ③甲射杀乙,导致乙、丙二人死亡。
因果关系认识错误(只要行为与结果之间存在因果关系,那么因果关系的认识错误就不影响故意犯罪既遂的成立)	(1)狭义的因果关系错误。结果的发生不按照行为人对因果关系的发展所预见的进程来实现的情况。	如扔入井中,被摔死。
	(2)事前故意(结果推后)。行为人误以为第一个行为已经造成结果,出于其他目的实施第二个行为,实际上是第二个行为才导致预期的结果的情况。如甲想用安眠药杀乙,然后伪造成乙上吊自杀的假象,但乙后因窒息而死。不影响成立犯罪既遂。	主观合并(概括故意说):看成一个概括性故意,成立故意杀人罪。
		主观区分(分别故意说):看成两个罪过,成立一个故意杀人的未遂,一个过失致人死亡罪。
		客观合并:将两个行为视为一个行为,成立一个故意杀人罪。
		客观分割(相当因果关系说):看成两个行为,但如果两者存在相当因果关系,则构成故意杀人罪的既遂。此乃通说。
	(3)构成要件的提前实现(结果提前)。指提前实现了行为人所预想的结果。	例如,甲想杀害身材高大的乙,打算先用安眠药使乙昏迷,然后勒乙的脖子,致其窒息死亡。由于甲投放的安眠药较多,乙吞服安眠药后死亡。不影响成立犯罪既遂。
		[注意]香气扑鼻毒药案。(预备行为与结果无因果关系)

续表

处理原则	主客观相统一原则	主客观相统一原则中主观性质并非行为人的主观见解，而是根据行为人的主观认识进行法律评价。
		当行为人的评价与法律规范的评价不一致时，应该采取法律规范的评价。 ①行为人认为自己无罪，但社会规范认为有罪。（结论：有罪） ②行为人认为自己有罪，但社会规范认为无罪。（结论：无罪） ③行为人认为自己犯 A 罪，但社会规范认为是 B 罪。（结论：B 罪）

五、正当防卫★★★

正当防卫成立条件	防卫意图：正当防卫之所以正当，就在于其正当化的意图，它必须具有保护国家、公共利益、本人或者他人的人身、财产或者其他权利免受正在进行的不法侵害的目的。 （1）黑吃黑案件也可以进行正当防卫； （2）偶然防卫如果按照客观防卫论，可以成立正当防卫。	防卫认识是指防卫人认识到不法侵害正在进行。
		防卫意志是指防卫人出于保护国家、公共利益、本人或他人的人身、财产和其他权利免受正在进行的不法侵害的目的。
	防卫起因：存在不法侵害。	注意假想防卫的处理。
		排除故意，有过失定过失，无过失则无罪。
	防卫时间：正当防卫必须发生在不法侵害正在进行时，否则就是防卫不适时。 （1）开始时间（危险面临说）。 （2）结束时间（危险排除说：只要法益不再处于紧迫、现实的侵害、威胁之中，或者说不法侵害已经不可能继续，就认为不法侵	注意防卫不适时。

	害已经结束）。通常表现为：不法侵害人已经被制服；不法侵害人已经自动中止不法侵害；不法侵害人已经逃离现场；不法侵害行为已经造成了危害结果并且不可能继续造成更严重的危害结果。在不法侵害结束后，就不能再进行正当防卫。	事先防卫和事后防卫：根据情况成立故意犯罪或假想防卫。
正当防卫成立条件	防卫对象：针对不法侵害人进行防卫。 （1）如果故意针对第三者进行防卫，就应作为故意犯罪处理；如果误认为第三者是不法侵害人而进行所谓防卫，则以假想防卫来处理。	注意对第三人防卫与打击错误处理。
	（2）损害第三人的财产。为制止正在进行的不法侵害，使用第三者的财物反击不法侵害人，对于财物的拥有者而言，这可能成立紧急避险，但是如果同时对不法侵害人造成了人身损害，是可以成立正当防卫的。当然，如果不法侵害人使用第三人财物对他人进行攻击，例如，甲抓起王五的名贵吉他向李四头部砸去，李四用手肘一挡，导致吉他损毁。这种损害结果与李四无关，不属于正当防卫，而应当由甲承担故意毁坏财物罪的责任。	三种观点： ①成立正当防卫； ②成立假想防卫； ③成立紧急避险。

防卫限度：正当防卫不能明显超过必要限度造成重大损失。在刑法理论中，对于"必要限度"，通说采取基本相适应和客观需要相统一说。判断正当防卫是否超过了必要限度，关键看其是否是有效制止不法侵害行为所必需的，而认定"是否必需"则需要综合考虑不法侵害的强度、不法侵害的缓急、不法侵害的权益与防卫手段是否基本相适应。认定防卫过当应当同时具备"明显超过必要限度"和"造成重大损害"两个条件，缺一不可。"明显超过必要限度"可谓行为不当，"造成重大损害"可谓结果不当，只有行为和结果都不当，才属于防卫过当。"造成重大损害"是指造成不法侵害人重伤、死亡。造成轻伤及以下损害的，不属于重大损害。防卫行为虽然明显超过必要限度但没有

续表

正当防卫成立条件	造成重大损害的，不应认定为防卫过当。[注意] 成立正当防卫必须是防卫行为与损害结果有因果关系。	
防卫过当	符合正当防卫的前四个要件而不具备第五个要件才是防卫过当。假想防卫、防卫不适时都并非防卫过当。防卫过当在主观上一般是过失。	防卫过当应负刑事责任，但是应减轻或者免除。
特殊防卫	《刑法》第20条第3款规定："对正在进行行凶、杀人、抢劫、强奸、绑架以及其他严重危及人身安全的暴力犯罪，采取防卫行为，造成不法侵害人伤亡的，不属于防卫过当，不负刑事责任。"	
	实质条件：严重危及人身安全的暴力犯罪。（麻醉型抢劫？）	
	需要说明的是，特殊防卫是一种特殊正当防卫，它必须具备正当防卫的五个前提条件，只不过在防卫限度要件上略有放宽。	

六、紧急避险

紧急避险的成立条件	避险意图	紧急避险也必须具备正当意图，必须是为了使国家、公共利益、本人或者其他人的人身、财产和其他权利免受正在发生的危险。动机在所不论。如果是为了保护非法利益，则不成立紧急避险。
	避险起因	紧急避险要求合法权益必须存在危险。这里的危险范围要大于正当防卫中的不法侵害范围。它包括：①不法侵害。如在被杀人犯追杀的过程中将路人的摩托车抢走。②自然力的侵害。如台风、地震、海啸等。③动物侵袭。这里需要注意的是，如果动物是他人犯罪的工具，对动物的打击行为不属于紧急避险，而是正当防卫。
		如果不存在危险，而行为人误认为有危险，这属于假想避险，其处理结果与假想防卫相同。
	避险时间	正在发生的迫在眉睫的危险是紧急避险的时间条件，时间条件比正当防卫松。

续表

紧急避险的成立条件	避险客体	紧急避险是损害一合法权益保全另一个合法权益，它是"正对正"，而区别于"正对不正"的正当防卫。因此，法律对紧急避险的限制要远远大于正当防卫。
		注意是权利对权利，而非义务对义务。
	避险可行性	紧急避险必须是在迫不得已，别无选择的情况下才允许进行。紧急避险不适用于职务上、业务上负有特定责任的人。如发生火灾时，消防队员就不能以有危险为由而拒绝救火。
	避险限度	紧急避险所保全的利益必须大于所损害的利益。
避险过当		紧急避险超过必要限度造成不应有的损害的，应当负刑事责任，但是应当减轻或者免除处罚。

七、原因自由行为

原因自由行为	故意或过失导致自己陷入无责任能力状态，应当追究刑事责任。	故意自陷，故意犯罪：故意犯罪。
		故意自陷，过失犯罪：过失犯罪。
		过失自陷，过失犯罪：过失犯罪。

八、未完成形态

（一）犯罪预备★★

是指为了犯罪，准备工具、制造条件，但由于行为人意志以外的原因而未能着手实行犯罪的情形。

特 征	处 罚	其 他
1. 主观上有犯罪的故意。 2. 客观上实施了准备工具、制造条件的预备行为。	可以比照既遂犯从轻、减轻或免除处罚。	（1）制造条件包括以下几种： ①准备犯罪手段。如练习扒窃技术。 ②为实行犯罪进行事先调查。如窥测犯罪地点、了解被害人行踪。 ③事先清除实行犯罪的障碍。如事先将被害人的狗毒死。 ④勾引他人参加犯罪。

续表

特 征	处 罚	其 他
3. 事实上未能着手实行犯罪。	可以比照既遂犯从轻、减轻或免除处罚。	（2）在认定犯罪预备时，必须把犯罪预备与犯意表示区别开来。犯意表示仅仅是犯罪意图的表露（如扬言杀人等），还不属于为犯罪制造条件的行为。 （3）在认定犯罪预备时，还必须把犯罪的预备行为与实行行为区别开来。例如，杀人、抢劫、强奸等暴力犯罪中的尾随行为、守候行为或寻找被害人的行为，应视为犯罪预备行为。 　　实行行为是在实行阶段中的行为，而预备行为是在预备阶段中的行为，两者的临界点是"着手"。实行行为有两个指标：①行为人实施了分则条文规定的行为；②对法益有现实侵害的紧迫性。

（二）犯罪未遂★★★

特 征	处 罚	其 他
1. 已经着手实行犯罪，着手的标志：①行为人实施了分则条文规定的行为；②对法益有现实侵害的紧迫性。 2. 犯罪未得逞。	可以比照既遂犯从轻或减轻处罚。	（1）以犯罪行为实行终了与否标准可分为： ①实行终了的未遂。例如，甲为了毒死妻子，在妻子的饭里放入毒药。但在吃饭时妻子发现饭有异味，将饭倒掉，幸免于死。 ②未实行终了的未遂。例如，杀人犯正举刀要杀人，被他人抓住手腕，致使其杀人未遂。
		（2）以犯罪行为实际上能否达到既遂状态为标准分为： ①能犯未遂。例如，以刀杀人，将人砍伤后被行人抓住，如果不被抓住，完全有可能把人杀死。 ②不能犯未遂，不能犯未遂又可以分为两种情况：a. 工具不能犯的未遂。b. 对象不能犯的未遂。例如，误以兽为人而开枪射击，不可能达到杀人既遂。 　　依据不同未遂犯学说，对不能犯的处理，有不同的立场： 　　第一，抽象的危险说（通说）。该说以行为人认识的情况为基础，然后根据社会上一般人的认识来判断，

续表

特　　征	处　　罚	其　　他
3. 未得逞是由于行为人意志以外的原因——"欲达目的而不能"。	可以比照既遂犯从轻或减轻处罚。	如果行为人认识的情况是真实的，是否对法秩序有侵犯的危险。如果一般人认为行为人的行为有可能实现犯罪意图的，就成立未遂犯（相对不能犯）；反之，没有可能实现犯罪的，就成立不可罚的不能犯（绝对不能犯）。 　　第二，具体的危险说。它以行为人认识的情况为基础，根据行为时社会上一般人认识来判断是否有侵犯法秩序的危险。有危险的，成立未遂犯（相对不能犯）；无危险的，成立不可罚的不能犯（绝对不能犯）。 　　第三，客观的危险说。该说的宗旨主要是在行为发生后，也即事后通过科学的因果法则，由社会上一般人针对当时的情况，去客观评价行为人的行为是否具有法益侵害的危险性。有危险性的，成立未遂犯（相对不能犯）；无危险性的，就成立不可罚的不能犯（绝对不能犯）。

案件 ＼ 学说	抽象危险说	具体危险说	客观危险说
尸体案	相对不能犯	相对不能犯	绝对不能犯
白糖案	相对不能犯	绝对不能犯	绝对不能犯
啤酒案	绝对不能犯	绝对不能犯	绝对不能犯

（三）犯罪中止 ★★★

| 中止的及时性（必须发生在犯罪过程中，即自开始实施犯罪预备行为到犯罪既遂之前） | 根据犯罪中止的时间可分为：（1）预备阶段的中止。例如，准备凶器要去杀人，后内心悔悟了，打消了杀人的念头，中断了杀人预备活动，因而未着手实行杀人行为。（2）实行阶段的中止。例如， | （1）根据中止及时性的特征，以下两种行为不能视为犯罪中止（形态不可互逆）：①犯罪既遂以后自动返还原物。例如，盗窃犯已经把财物偷回家，但又后悔，把原物给被害人送回去。②犯罪未遂后主动抢救被害人。例 |

续表

中止的及时性 (必须发生在犯 罪过程中，即 自开始实施犯 罪预备行为到 犯罪既遂之前)	在杀人过程中，已经将被害人砍伤，见被害人痛苦呻吟的惨状，产生了怜悯之心，中止了杀人行为。 （3）实行后阶段的中止。例如，投毒后见被害人痛苦，将其送医，救活。	如，杀人犯砍了被害人一刀，未砍死，邻居阻止了其继续行凶，这时，杀人犯有后悔之意，主动协同邻居将被害人护送到医院抢救，使其得救。	
		（2）自动放弃可重复加害的行为，成立中止。	
中止的有效性 (必须彻底停止 犯罪或者有效 地防止犯罪结 果发生)	行为人应当采取积极措施防止结果发生，这种积极措施必须是在经验法则上可以高概率防止结果发生的措施。	未出现 既遂结果	成立中止。
		出现 既遂结果	若介入因素独立导致结果发生，为中止。
			若介入因素并非独立导致结果发生，为既遂。
中止的自动性 (是由于行为人 意志以内的原 因自动中止)	自动性的判断分为两个步骤： （1）心理说（能达目的而不欲）； （2）规范回转说（向合法秩序回归）。	常见的中止： （1）真诚悔悟，良心发现而停止； （2）因被害人的哀求、对被害人怜悯、第三人的劝说而停止； （3）因为敬畏而放弃（如害怕宗教报应）； （4）基于嫌弃厌恶而放弃； （5）基于非即时的法律后果而放弃（如害怕事后被抓）； （6）发现熟人而放弃。（但若为关系极其密切之人，一般为未遂）	
中止的处罚	没有造成损害的，应当免除处罚；造成损害的，应当减轻处罚。		
	（1）中止的转化。比如，行为人实施强奸行为，因女方怀孕，行为人改成实施猥亵行为。这其实是两个不同的犯罪，强奸罪成立中止，由于没有造成损害，应当免除处罚；但强制猥亵罪成立既遂。		
	（2）中止犯的"造成损害"必须达到刑法评价的严重程度，换言之，必须具备某种轻罪的既遂标准。		

中止的处罚	［例1］甲在伤害他人时，良心发现，放弃犯罪，但之前的伤害结果仅造成轻微伤，由于轻微伤不属于犯罪，故不是"造成损害"的中止，而是没有造成损害的中止，但如果造成了轻伤的结果，则属于"造成损害"的中止，应当减轻处罚。 ［例2］甲为了抢劫而对楼梯上的乙实施暴力，乙在急速逃往楼下时摔倒，造成轻微伤。此时，甲顿生悔悟，放弃了抢劫行为。甲的行为成立抢劫罪的犯罪中止，应当免除处罚。
	（3）"造成损害"的行为必须是中止前的犯罪行为，而不应是中止行为本身所导致的，因为中止行为本身所造成的结果是要独立评价的。
	［提醒］中止行为本身造成结果可能会被评价为一个独立的犯罪，所以不能再为中止所评价，否则就是一个情节数次评价。
情节加重犯的中止	也可成立中止，但轮奸一般无中止。

九、共同犯罪的基本理论

共同犯罪	部分犯罪共同说	这种学说认为，只要二人以上就部分犯罪具有共同的行为与共同的故意，那么在重合犯罪内，可以成立共同犯罪。但在此前提下，又可分别定罪。
		常见的重合：①法条竞合；②规范的法益重合（如故意杀人与故意伤害）；③转化犯。
	共同犯罪	与正犯相对应的一个概念，包括教唆犯和帮助犯：应当以构成要件为标准来区分共犯与正犯，正犯是实施了符合构成要件行为的人，亲自直接实施构成要件行为的是直接正犯，把他人作为工具加以利用，但在法律上可以评价为与亲手实施具有相同性质的是间接正犯。而共犯则是指没有亲手实施符合构成要件的行为，只是通过教唆或帮助正犯的方式来参与正犯的行为。根据这种标准，正犯是一种实行犯，而共犯则是通过正犯的实行行为来参与犯罪的非实行犯，对于共犯的处罚依据显然是一种修正的构成要件。

	共同过失犯罪	指两人以上共同过失犯罪。虽然外表上有共同行为，但行为人无共同犯意的交流。
不构成共同犯罪的几种情况	故意犯与过失犯	指过失犯罪人与故意犯罪人的行为相互连接或联系，因为其相互之间无共同故意，也无意思联络，不成立共同犯罪，由过失犯罪人与故意犯罪人分别对其行为负责，如看守所值班武警擅离职守，重大案犯趁机脱逃。
	同时犯	指二人以上同时以各自行为侵犯同一对象，但彼此之间无意思联络的情况，即使有相同的犯罪故意，但却无共同故意，构成同时犯，应只在各自实行的犯罪行为的范围内负刑事责任。例如，甲、乙二人趁商店失火之机，不谋而合同时到失火地点窃取商品。
	故意内容没有重合的共同行为	指两个以上行为人共同实施的犯罪行为，如果行为人的故意内容及其行为的整体性质没有重合，因其缺乏相同的故意，不成立共犯，由行为人各自对其行为负责。
	超出共同故意范围的犯罪	指在共同犯罪过程中，有的共犯者超出了共同犯罪故意的范围，单独地实施其他犯罪，由于其他共犯者对此缺乏共同故意，而由行为人单独承担超出共同犯罪故意范围部分的责任。例如，甲教唆乙盗窃丙女的财物，乙除实施盗窃行为之外，还强奸了丙女，甲对此毫不知情。甲、乙二人固然成立盗窃罪的共同犯罪，但不成立强奸罪的共同犯罪。
	单位犯罪	是指单位作为一个整体而实施的犯罪，其单位内部直接参与实施犯罪的人之间在性质上不属于共同犯罪。

十、间接正犯

定 义	间接正犯，又称间接实行犯，它是指利用不成立共犯的第三人实行犯罪。严格来说，间接正犯并未有实行行为，它只是利用他人的实行行为，由于与他人缺乏共同的犯罪故意，不成立共犯。
	本质：把人当枪使，当然和他人不成立共犯。
类 型	（1）利用无刑事责任能力人实施犯罪。

续表

类　　型	（2）利用他人的合法行为。如让邮递员将炸药寄给他人；再如利用他人的正当防卫、紧急避险等正当化行为而犯罪的。 （3）利用他人的过失行为。如医生指示护士打毒针，护士有过失。 （4）利用有故意的工具。这又可以包括三类：①利用非重合的他罪的故意。②利用有特殊目的的工具。③在身份犯的情况下，利用无身份的工具。例如，国家工作人员利用不知情的非国家工作人员来收受贿赂，国家工作人员成立受贿罪的间接正犯。 （5）利用他人的不为罪的行为。这包括利用他人的无罪过行为（不可抗力和意外事件），还包括利用他人的其他不为罪行为（如唆使未成年人自杀）。
间接正犯的限制	一般认为，无身份者不能成立身份犯的间接正犯，这可以看成是对间接正犯的限制。间接正犯是正犯的一种，而非（狭义）共犯，故当缺乏身份时，就不应成立正犯，而只能成立狭义共犯。例如，非国家工作人员在国家工作人员不知情的情况下，利用国家工作人员职务便利为他人谋利并收受财物，非国家工作人员不构成受贿罪的间接正犯。

十一、正犯与共犯

共犯从属说	只有当正犯着手实施犯罪，共犯才有成立的可能。	共犯的可罚性只需从属于正犯的构成要件与违法性，而不必要求正犯具有有责性。
共犯的处罚依据	通说是因果共犯论，也即共犯人通过正犯的实行行为，引起了法益的侵害。一般认为，直接引起法益侵害的是正犯，介入正犯行为间接引起法益侵害的是共犯。	
帮助犯	在主观上，有帮助正犯的故意。	根据部分犯罪共同说，帮助犯的认识只要和正犯的认识有重合部分，那么在重合部分就可以成立共同犯罪。	例如，甲为乙的盗窃提供帮助，但事实上却在帮助乙的抢劫，甲在盗窃的范围内成立帮助犯。

续表

帮助犯	在客观上，帮助行为必须是实行行为以外的行为，对实行行为起促进作用。	这种促进作用只要求具有帮助可能性即可，不要求实际起到帮助作用。帮助行为包括物理性帮助和心理性帮助。	如果主观上意欲帮助，但在客观上却对正犯没有物理性或心理性的促进作用，那就成立帮助犯的未遂。
	事前通谋的事后帮助	事前通谋事后窝藏、包庇、窝赃、销赃行为，成立共同犯罪。当然，如果事前只是单纯知情，并未参与通谋，事后提供帮助的，不能成立共同犯罪。如果事前没有通谋，事后提供帮助，也只单独成立掩饰、隐瞒犯罪所得、犯罪所得收益罪，窝藏、包庇罪或者洗钱罪等。	
	中立的帮助行为	中立的帮助行为是指日常生活或者业务行为中的惯常现象，但也可能对正犯的实行行为起到促进效果。对于这类帮助行为，应当根据社会相当性的理论来判断其可罚性。一般说来，大部分的中立的帮助行为都不应以犯罪论处。	
教唆犯（又名造意犯，它指以授意、怂恿、劝说、利诱或者其他方法故意唆使他人犯罪的人）		（1）教唆犯所教唆的对象一般是达到刑事责任年龄、具有刑事责任能力的人，否则一般不成立教唆犯，而成立间接正犯。如唆使 5 岁的孩子盗窃。 （2）需要说明的是，教唆者所教唆的人，虽然未达刑事责任年龄，但具备规范上的辨认能力和控制能力，也可成立教唆犯。如教唆 15 岁的少年盗窃。	
		（1）在主观上，有教唆他人犯罪的故意。这种故意必须认识到自己的教唆行为可能创造了他人的犯罪意图。 （2）在客观上，有教唆他人犯罪的行为。教唆行为在客观上创造了他人的犯罪意图。	
		（1）《刑法》第29条第2款规定，如果被教唆的人没有犯被教唆的罪，对于教唆犯，可以从轻或者减轻处罚。这种情况属于教唆未遂。	

续表

教唆犯
(又名造意犯，它指以授意、怂恿、劝说、利诱或者其他方法故意唆使他人犯罪的人)
	①共犯从属说。非实行犯（教唆犯、帮助犯）必须从属于实行犯，只有实行犯进入实行阶段（着手后），对于非实行犯才可以进行处罚。
	②共犯独立说。教唆犯是共犯从属说的例外，具有独立性，只要行为人实施教唆行为，被教唆者未达到所教唆罪的既遂，一律认定为教唆未遂，也即教唆本身没有成功。
	  我国传统的观点采教唆独立说。例如，①张三教唆李四杀人，但李四在预备阶段中止犯罪；②张三教唆李四杀人，但李四拒绝；③张三教唆李四杀人，但李四却实施了盗窃。按照这种观点，张三均成立教唆未遂。但按照共犯从属说，张三不构成犯罪。
	  上述两种观点都认为：①甲教唆乙杀人，乙着手实行犯罪，但最终未达既遂，可以适用教唆未遂的从宽条款；②甲教唆乙实施 A 罪，但乙实施了 B 罪，如果 AB 有重合部分，甲可以在重合部分成立教唆既遂。

	（2）教唆不满 18 周岁的人犯罪，从重处罚。这包括间接正犯。
教唆犯和帮助犯的区别	教唆犯的本质是创造犯意，而帮助犯的本质是强化犯意。对于已经具备犯意的人进行劝说和鼓励，都属于帮助犯。

十二、共同犯罪人的责任

	含义和后果	在共同犯罪中所起作用
主犯	（1）组织、领导犯罪集团进行犯罪活动或在共同犯罪中起主要作用的犯罪分子。 （2）对于集团犯罪的首要分子，应当按照集团所犯的全部罪行处罚。但是必须说明的是，如果集团犯罪的参与者实施了明显超出首要分子概括故意的行为，根据共同犯罪的定义，对于这种行为，首要分子不承担责任。 （3）犯罪集团是三人以上为共同实施犯罪而组成的较为固定的犯罪组织。有两种犯罪集团是刑法分则专门规定的：恐怖活动组织、黑社会性质组织。	（1）组织领导作用； （2）组织、策划、指挥作用； （3）在实行共同犯罪中起主要作用。

续表

	含义和后果	在共同犯罪中所起作用
从犯	（1）在共同犯罪中起次要或辅助作用的犯罪分子； （2）对于从犯，应当从轻、减轻、免除处罚。	（1）次要作用：指犯罪分子虽直接参加实施了犯罪行为，但罪行较轻，情节不严重，没有造成严重后果； （2）辅助作用：犯罪分子在共同犯罪中为共同犯罪创造条件，提供方便，辅助犯罪的实行。
胁从犯	（1）被胁迫参加犯罪的犯罪分子； （2）对于胁从犯，应当按照他的犯罪情节减轻或免除处罚。	（1）在共同犯罪中起与从犯相同的次要辅助作用。 （2）胁从犯与间接正犯中被利用的工具存在区别。胁从犯中的被胁迫者仍有一定的选择自由，所以胁从犯和胁迫者成立共同犯罪。间接正犯中被利用的工具没有选择自由，所以他和间接正犯人不成立共同犯罪。
教唆犯	（1）教唆他人实行犯罪的人，即制造他人犯罪意图，促使他人下犯罪决心的人； （2）主观上有教唆的故意，客观上实施了教唆的行为。	（1）在共同犯罪中起主要作用； （2）在共同犯罪中起次要辅助作用。
分类方法	在作用分类法的基础上考虑分工分类法。所谓作用分类法就是考虑共同犯罪人在共同犯罪中的作用将其分为主犯、从犯和胁从犯；所谓分工分类法就是按照共同犯罪人在共同犯罪中的分工，将其分为正犯与共犯，正犯即实行犯，而共犯（这是狭义共犯概念，而广义的共犯概念包括所有共同犯罪人）是非实行犯，它包括帮助犯和教唆犯。	

十三、特殊的共同犯罪

承继的共犯	又称事中共犯，它是指在行为人实施犯罪的过程中，他人在行为人知情的情况下参与进来，实施犯罪。事中共犯包括事中实行犯和事中帮助犯。	
	事中共犯与事后独立犯罪的界限	区分标准：犯罪行为是否实行终了。如果是状态犯，那么前行为既遂，行为即终了；如果是继续犯，既遂后行为并未终了，期间加入，也可成立共犯。
	承担刑事责任的范围问题	一般认为，如果前行为是单一行为，那么后行为人虽然是在实施犯罪过程中介入的，仍应当对全部犯罪承担责任。如果前行为是复合行为（如结果加重犯），那么后行为人只对其介入行为承担责任。（2012/2/10）
结果加重犯的共同犯罪	对于大部分结果加重犯而言，其构造是故意的基本犯加过失的加重犯。例如，故意伤害致人死亡，对于轻伤结果，行为人的主观心态是故意，但对于死亡结果，行为人的主观心态则是过失。因此，共同犯罪人只要对基本犯罪构成存在共同故意，即便共同犯罪人对加重结果持过失之心态，也宜对加重结果承担责任。（2016/2/7）	
	结果加重犯一般是故意的基本犯加上过失的加重犯，因此只要客观上对加重结果有贡献力，主观上对加重结果有过失，就成立结果加重犯的共犯。一般说来，只要参与犯罪，对加重结果主观上都有过失，客观上都有贡献力。	
片面共同犯罪	片面共同犯罪是指参与同一犯罪的人中，一方认识到自己是在和他人共同犯罪，而另一方没有认识到有他人和自己共同犯罪。我国刑法理论大多肯定片面帮助犯。 ［例］甲明知乙正在追杀丙，由于其与丙有仇，便暗中设置障碍物将丙绊倒，从而使乙顺利地杀害丙。	
	（1）片面的共同实行犯，即实行的一方没有认识到另一方的实行行为。 ［例］乙正欲对丙实施抢劫行为时，甲在乙不知情的情况下，使用暴力将丙打伤，乙得以顺利实施抢劫行为。	

续表

片面 共同犯罪	（2）片面的教唆犯，即被教唆者没有意识到自己被教唆的情况。 （3）片面的帮助犯，即实行的一方没有认识到另一方的帮助行为。 （通说只认可这成立共同犯罪）
	片面帮助犯构成共同犯罪没有争议，但片面实行犯和片面教唆犯有否定说和肯定说两种观点。

共犯与 身份犯	真正 身份犯	也即定罪身份犯，只有具备此身份的人才能成立此罪的实行犯（正犯）；没有此身份的人不能成立实行犯，但可构成共犯（非实行犯，如教唆犯和帮助犯）。另外一个问题是，如果双方都是特殊身份犯，这主要集中在职务侵占罪与贪污罪的共同犯罪问题上，司法实务采主犯决定说。 （不作为犯也可看成是一种真正身份）
	不真正 身份犯	也即量刑身份犯，如未成年人的身份可以导致从宽处罚。这种身份只及于自身，不及于共同犯罪人。

共犯的 脱离与中止	共犯者在犯罪途中中止继续犯罪而从共犯关系中脱离。由于成立犯罪中止必须具备有效性，即须有效地防止犯罪结果的发生，因此若要有效地脱离共犯，行为人必须"消灭"或"切断"自己对共同犯罪的作用或影响。否则，单独的脱离仍然不能成立中止，根据"部分行为之整体责任"，如若他人成立既遂，脱离人仍应成立既遂。
	行为人不仅要切断对共犯的物理性影响，还需切断对共犯的心理性影响。
	如果主观上无脱离之意，但客观上产生脱离之效果，那可以成立犯罪未遂。
	脱离者成立中止，对其他共犯者没有影响，其他共犯者仍可成立各种犯罪形态。这里要说明的是，如果脱离者本人是实行犯，如果他成立中止导致整个犯罪未能既遂，那么其他非实行犯可能成立各种未完成形态，但必须从属于实行犯所处的阶段。

共犯与认识错误	同一个构成要件中的错误	对于同一个构成要件中的认识错误，按照法定符合说，并不影响故意的成立。	
	不同构成要件中的错误	也应按照法定符合说，看能否在构成要件的重合部分实现主客观相统一。	教唆犯和帮助犯在帮助犯中重合。
			教唆犯和间接正犯在教唆犯中重合。
			帮助犯和间接正犯在帮助犯中重合。

十四、自首、坦白和立功★★★

自首	一般自首	（1）自动投案（主动、自愿接受司法处置） ①自动投案的时机。尚未受到讯问、未被采取强制措施前。 ②自动投案的情形 A. 亲首。主动、直接向公检法机关投案。 B. 托首。因病、伤或者为了减轻犯罪后果，委托他人先代为投案的，或者先以信、电投案的。 C. 陪首。并非犯罪嫌疑人主动，而是经亲友规劝、陪同投案的、向有关机关投案的。 D. 代首。亲友报案，并控制犯罪嫌疑人，然后带领公安人员抓获的。 E. 送首。司法机关通知犯罪嫌疑人的亲友或者亲友主动报案后，将犯罪嫌疑人送去投案的，视为自动投案（1998年司法解释）。犯罪嫌疑人被亲友采用捆绑等手段送到司法机关，或者在亲友带领侦查人员前来抓捕时无拒捕行为，并如实供认犯罪事实的，不能认定为自动投案（2010年司法解释）。 F. 现场候捕型自首（能逃而不逃）：a. 犯罪后主动报案，虽未表明自己是作案人，但没有逃离现场，在司法机关询问时交代自己罪行；b. 明知他人报案而在现场等待，抓捕时无拒捕行为，供认犯罪事实的。	（1）可以从轻或减轻处罚。

续表

自首	一般自首	G. 向非司法机关自首：a. 向所在单位、城乡基层组织或者其他有关负责人员投案的；b. 双规、双指案件的定性（纪委和监察机关理解为准司法机关）。 H. 通缉后自首。犯罪后逃跑，在通缉、追捕的过程中，主动投案的。 I. 形迹可疑型自首：a. 在司法机关未确定犯罪嫌疑人，尚在一般性排查询问时主动交代自己罪行的；b. 罪行未被有关部门、司法机关发觉，仅因形迹可疑被盘问、教育后，主动交代了犯罪事实的，应当视为自动投案，但有关部门、司法机关在其身上、随身携带的物品、驾乘的交通工具等处发现与犯罪有关的物品的，不能认定为自动投案。（标准：是否获得足以认定犯罪的证据）	（2）罪行较轻，可以免除处罚。
		（2）**如实供述自己的罪行（不考虑动机）** ①时间限度：犯罪嫌疑人自动投案时虽然没有交代自己的主要犯罪事实，但在司法机关掌握其主要犯罪事实之前主动交代的，应认定为如实供述自己的罪行。 ②只要交代主要罪行即可。 ③犯有数罪的犯罪嫌疑人仅如实供述所犯数罪中部分犯罪的，只对如实供述部分犯罪的行为认定为自首。此处的数罪不包括同种数罪。犯罪嫌疑人多次实施同种罪行的，必须交代更重部分方成立自首。 ④在共同犯罪案件中，必须交代自己所知的同案犯的共同犯罪行为。 ⑤如实供述后又翻供的，不能认定为自首，但在一审判决前又能如实供述的，应当认定为自首。 ⑥如实供述并不能否定犯罪嫌疑人有为自己辩解的权利。被告人对行为性质的辩解不影响自首的成立。	
	特别自首	（1）特别自首的主体必须是： ①被采取强制措施的犯罪嫌疑人； ②被告人；	

续表

自首	特别自首	③ 正在服刑的罪犯； ④ 因特定违法行为被采取劳动教养、行政拘留、司法拘留、强制隔离戒毒等行政、司法强制措施期间，主动向执行机关交代尚未被掌握的犯罪行为的也成立自首。	同　前
		（2）必须如实供述司法机关还未掌握的本人其他罪行。"司法机关尚未掌握的本人其他罪行"是指与司法机关掌握的或者判决确定的罪行属于不同种罪行，异种罪行是可另外处理的犯罪。 ① 办案机关所掌握线索针对的犯罪事实不成立，在此范围外犯罪分子交代同种罪行的，可以成立自首； ② 服刑人员在刑罚执行期间交代同种罪行（新罪或漏罪）的，也成立自首。	
	单位自首	单位与其内部自然人可分别成立自首。其中单位自首的效力可以及于自然人，但自然人自首的效力不及于单位。	
坦白		坦白一般是指犯罪人被动归案后，如实交代自己被指控的犯罪事实的行为。 （1）坦白与一般自首的关键区别在于是否自动投案。 （2）坦白与特别自首的区别在于是否是不同种罪行。如果在案在押人员，主动交代司法机关尚未掌握的并且与被审查处理的犯罪属于不同种罪行的，以自首论。反之，属于同种罪行的，是坦白。 （3）坦白和自首都是法定量刑情节。	犯罪嫌疑人虽不具有自首情节，但是如实供述自己罪行的，可以从轻处罚；因其如实供述自己罪行，避免特别严重后果发生的，可以减轻处罚。
立功	一般立功	（1）揭发他人罪行，查证属实；这又包括共同犯罪人供述同案共犯共同犯罪以外的罪行。如果供述的是同案犯共同犯罪之内的罪行，属于自首的如实供述，不属于检举、揭发他人罪行的立功表现，非功。 （2）提供重要线索，得以侦破他案。 （3）阻止他人犯罪活动。 （4）协助司法机关抓捕其他犯罪嫌疑人（包	[注意]《刑法》第78条规定的"重大立功"发生在判刑之后的执行期间，是减刑的前提条件。	可以从轻或减轻处罚。

续表

立功	一般立功	括同案犯）。这里的同案犯包括共同犯罪中的同案犯，也包括非共同犯罪中的同案犯。①按照司法机关的安排，以打电话、发信息等方式将其他犯罪嫌疑人（包括同案犯）约至指定地点的；②按照司法机关的安排，当场指认、辨认其他犯罪嫌疑人（包括同案犯）的；③带领侦查人员抓获其他犯罪嫌疑人（包括同案犯）的；④提供司法机关尚未掌握的其他案件犯罪嫌疑人的联络方式、藏匿地址的，等等。（5）其他有利于国家、社会的突出表现。	同　前	同　前
	重大立功	（1）揭发他人重大罪行，查证属实；（2）提供重要线索，得以侦破其他重大案件；（3）阻止他人重大犯罪活动；（4）协助司法机关抓捕其他重要罪犯（包括同案犯）；（5）在押期间对国家和社会有其他重大贡献的。		可以减轻或免除处罚。

自首又有重大立功的，不是应当减轻处罚或免除处罚，而是直接按照法律规定，可以两次适用从宽处罚的规定。

注意	犯罪分子提供同案犯姓名、住址、体貌特征等基本情况，或者提供犯罪前、犯罪中掌握、使用的同案犯联络方式、藏匿地址，司法机关据此抓捕同案犯的，不能认定为协助司法机关抓捕同案犯。	如果是主动交待成立自首，被动交待成立坦白。
立功的限制	（1）代为立功不成立立功，立功必须是犯罪分子本人实施的行为。（2）抽象立功不成立立功，据以立功的他人罪行材料应当指明具体犯罪事实；据以立功的线索或者协助行为对于侦破案件或者抓捕犯罪嫌疑人要有实际作用。（3）立功的来源具有正当性。据以立功的线索、材料来源有下列情形之一的，不能认定为立功：①本人通过非法手段或者非法途径获取的；	

续表

立功	立功的限制	②本人因原担任的查禁犯罪等职务获取的；③他人违反监管规定向犯罪分子提供的；④负有查禁犯罪活动职责的国家机关工作人员或者其他国家工作人员利用职务便利提供的。 （4）重大立功的限制。重大立功与一般立功的区别在于是否"重大犯罪""重大案件""重大犯罪嫌疑人"。所谓"重大"，指犯罪嫌疑人、被告人可能被判处无期徒刑以上刑罚或者在本省、自治区、直辖市或者全国范围内有较大影响的情形。

十五、危险方法类五种故意犯罪 ★★

罪　名	注意事项
危险系列	（1）本系列五种故意犯罪是具体危险犯（即只要产生足以危害公共安全的危险则构成犯罪，不一定具备危害结果），法定最高刑是死刑。 　　危害公共安全是指危害不特定多数人的生命健康或者重大财产的安全。因此，财产的重大性和生命、健康的不特定性是危害公共安全罪的特征。"不特定"是一种客观判断，不依行为人主观上是否有确定的侵害对象为转移。如果行为人意欲侵害特定的个人，但客观上这种方法可能导致多数人生命健康或重大财产遭受危险，也侵害了公共安全。
（1）放火罪 （2）爆炸罪 （3）决水罪 （4）投放危险物质罪 ★★ （5）以危险方法危害公共安全罪 ★★	（2）投放危险物质罪与投放虚假危险物质罪的区别。
	（3）第5种罪是"兜底"规定，必须遵循同类解释方法，此罪是个罪，而不能将其混淆为类罪。常见的行为如下： ①破坏矿井通风设备，危害公共安全的； ②私拉电网，危害公共安全的； ③在火灾现场破坏消防设施或者器材，危害公共安全的； ④故意传播突发性传染病病原体，危害公共安全的； ⑤邪教组织人员以自焚、自爆或者其他危险方法危害

续表

危险系列	罪　名	注意事项
	同　前	公共安全的； ⑥醉驾肇事后继续驾驶肇事的。
		（4）结果加重犯与基本犯。《刑法》第114条的规定是危险犯，而第115条的规定是结果犯。如果没有出现结果，但符合第114条规定的危害公共安全的具体危险，应当认定为第114条，而不能认定为第115条的未遂。对于第115条规定的结果，行为人可以持故意，也可持过失心态。
		（5）故意传播新型冠状病毒感染肺炎病原体，具有下列情形之一，危害公共安全的，以以危险方法危害公共安全罪定罪处罚： ①已经确诊的新型冠状病毒感染肺炎病人、病原携带者，拒绝隔离治疗或者隔离期未满擅自脱离隔离治疗，并进入公共场所或者公共交通工具的； ②新型冠状病毒感染肺炎疑似病人拒绝隔离治疗或者隔离期未满擅自脱离隔离治疗，并进入公共场所或者公共交通工具，造成新型冠状病毒传播的； ③其他拒绝执行卫生防疫机构依照传染病防治法提出的防控措施，引起新型冠状病毒传播或者有传播严重危险的，依照《刑法》第330条的规定，以妨害传染病防治罪定罪处罚。
		（6）注意本罪与高空抛物罪和妨害安全驾驶罪的区别。

十六、交通肇事罪

主　体	从事交通运输人员或者非交通运输人员都可构成此罪。如果是航空人员、铁路人员则分别成立的是"重大飞行事故罪""铁路运营安全事故罪"。根据司法解释，单位主管人员、机动车辆所有人或者机动车辆承包人指使、强令他人违章驾驶造成重大交通事故，以交通肇事罪定罪处罚。

续表

客观行为	（1）在交通运输过程中。水上运输人员以及其他相关人员造成公路、水上交通事故，也构成交通肇事罪。 （2）违反交通法规。 （3）发生重大事故。（注意因果关系）
罪与非罪	（1）交通肇事具有下列情形之一的，构成犯罪： ①死亡1人或者重伤3人以上，负事故全部或者主要责任的。 ②死亡3人以上，负事故同等责任的。 ③造成公共财产或者他人财产直接损失，负事故全部或者主要责任，无能力赔偿数额在30万元以上的。财产损失不包括行为人自己的财产。
	（2）交通肇事致1人以上重伤，负事故全部或者主要责任，并具有下列情形之一的，以交通肇事罪定罪处罚： ①酒后、吸食毒品后驾驶机动车辆的； ②无驾驶资格驾驶机动车辆的； ③明知是安全装置不全或者安全机件失灵的机动车辆而驾驶的； ④明知是无牌证或者已报废的机动车辆而驾驶的； ⑤严重超载驾驶的； ⑥为逃避法律追究逃离事故现场的。
加重犯罪构成	第一种加重犯罪构成，其刑罚幅度是3年以上7年以下有期徒刑，即交通运输肇事后逃逸或者有其他特别恶劣情节的。 　　"交通运输肇事后逃逸"是指在发生交通事故后，为逃避法律追究而逃跑的行为，此处的交通事故必须达到犯罪程度。 　　交通肇事具有下列情形之一的，属于"有其他特别恶劣情节"，处3年以上7年以下有期徒刑：①死亡2人以上或者重伤5人以上，负事故全部或者主要责任的；②死亡6人以上，负事故同等责任的；③造成公共财产或者他人财产直接损失，负事故全部或者主要责任，无能力赔偿数额在60万元以上的。
	第二种更为加重的犯罪构成，其刑罚幅度为7年以上有期徒刑，即因逃逸致人死亡。 　　"因逃逸致人死亡"，司法解释规定为"行为人在交通肇事后为逃避法律追究而逃跑，致使被害人因得不到救助而死亡的情形"。如

续表

加重 犯罪构成	果不是为逃避法律追究而逃跑，如报警、自首或者害怕遭到村民的殴打而离开现场而后又自首的，或者不逃避法律责任的，不属于交通肇事后逃逸。 在判断逃逸致人死亡时，要注意两点：①在主观上，行为人对死亡结果持过失心态，当然行为人对逃避法律追究是故意的。如果行为人对死亡结果持故意心态，则不属于交通肇事罪。②在客观上，逃逸与死亡之间必须存在因果关系。 （1）交通肇事当场致人死亡，且被告人明知被害人已经死亡，即使转移尸体，只定交通肇事罪，若有逃逸情节的，属于交通肇事罪的加重构成； （2）交通肇事当场没有死亡，无论被告人是否明知，只要是逃逸使被害人得不到及时救治而死亡的，属于交通肇事逃逸致人死亡； （3）交通肇事当场没有死亡，但被告人误以为已经死亡，将被害人转移并予以遗弃后逃跑，介入因素独立致被害人死亡的，定过失致人死亡罪与交通肇事罪（如果构成犯罪的话）； （4）交通肇事当场没有死亡，被告人将被害人带离事故现场后隐藏或者遗弃，致使被害人死亡的，构成故意杀人罪。
共同犯罪	交通肇事罪是过失犯罪，但司法解释规定，交通肇事后，单位主管人员、机动车辆所有人、承包人或者乘车人指使肇事人逃逸，致使被害人因得不到救助而死亡的，以交通肇事罪的共犯论处。这可以看成共同犯罪由故意构成的一个例外。另外，单位主管人员、机动车辆所有人或者机动车辆承包人指使、强令他人违章驾驶造成重大交通事故，以交通肇事罪定罪处罚，这并非共同犯罪，应该单独定罪。
与故意杀人罪、故意伤害罪的区别	交通肇事罪中的逃逸致人死亡与故意杀人、故意伤害罪最大的区别就在于主观上是否有故意杀人或故意伤害的心态，如果没有证据证明行为人有故意的心态，那就只能作出对行为人有利的推定。根据司法解释，行为人在交通肇事后为逃避法律追究，将被害人带离事故现场后隐藏或者遗弃，致使被害人无法得到救助而死亡或者严重残疾的，应当分别以故意杀人罪或者故意伤害罪定罪处罚。

续表

与故意杀人罪、故意伤害罪的区别	需要说明的是，醉驾肇事后继续驾驶肇事车辆导致他人死亡的，应当直接以以危险方法危害公共安全罪论处。
与事故犯罪和过失致人死亡罪的区别	交通肇事罪必须是在"实行公共交通管理的范围内"发生的重大交通事故。
偷开机动车	在偷开机动车辆过程中发生交通肇事构成犯罪，又构成其他罪的，应当以交通肇事罪和其他罪实行数罪并罚。
连环肇事案的定性问题	（1）甲在速度非常快的道路撞人，被害人躺在路中央，5分钟后乙从此经过，再次碾压被害人致其死亡，甲的行为构成故意杀人罪，因为死亡具有极高概率，存在放任的故意。 （2）甲在普通道路撞人，被害人躺在路上。半小时后乙从此经过，再次碾压被害人，致其死亡，甲属于交通肇事罪中的逃逸致人死亡。 （3）甲在普通道路撞人，被害人躺在路上。半小时后乙从此经过，再次碾压被害人，如果查明，乙碾压之前被害人已经死亡，甲属于交通运输肇事后逃逸，不属于逃逸致人死亡。 （4）甲在普通道路撞人，被害人躺在路上。半小时后乙从此经过，再次碾压被害人，如果区分不出死亡时间，则甲不属于逃逸致人死亡，但属于交通运输肇事后逃逸。
妨害公共交通工具安全驾驶违法行为的处理	没有严重危害公共安全的，构成妨害安全驾驶罪；严重危害公共安全的，构成妨害安全驾驶罪和以危险方法危害公共安全罪，从一重罪处罚。
与危险驾驶罪的区别	危险驾驶罪的行为类型如下： （1）在道路上驾驶机动车追逐竞驶，情节恶劣的； （2）在道路上醉酒驾驶机动车的； （3）从事校车业务或者旅客运输，严重超过额定乘员载客，或者严重超过规定时速行驶的； （4）违反危险化学品安全管理规定运输危险化学品，危及公共安全的。

十七、生产、销售伪劣商品罪 ★ ★ ★

生产、销售 有毒、有害 食品罪 ★	是指在生产、销售的食品中掺入有毒、有害的非食品原料，或者销售明知掺有有毒、有害的非食品原料的食品的行为。	抽象危险犯 （有死刑）
	司法解释指出，下列情况构成此罪：在食品加工、销售、运输、贮存等过程中，掺入有毒、有害的非食品原料，或者使用有毒、有害的非食品原料加工食品的；在食用农产品种植、养殖、销售、运输、贮存等过程中，使用禁用农药、兽药等禁用物质或者其他有毒、有害物质的。	
	下列物质应当认定为"有毒、有害的非食品原料"： （1）法律、法规禁止在食品生产经营活动中添加、使用的物质； （2）国务院有关部门公布的《食品中可能违法添加的非食用物质名单》《保健食品中可能非法添加的物质名单》上的物质； （3）国务院有关部门公告禁止使用的农药、兽药以及其他有毒、有害物质； （4）其他危害人体健康的物质。	
	"足以造成严重食物中毒事故或者其他严重食源性疾病""有毒、有害的非食品原料"难以确定的，司法机关可以根据检验报告并结合专家意见等相关材料进行认定。必要时，人民法院可以依法通知有关专家出庭作出说明。	
生产、销售 不符合安全 标准的 食品罪 ★	是指生产、销售不符合安全标准的食品，足以造成严重食物中毒事故或者其他严重食源性疾病，危害人体健康的行为。	具体危险犯
	下列情况属于"足以造成严重食物中毒事故或者其他严重食源性疾病"： （1）含有严重超出标准限量的致病性微生物、农药残留、兽药残留、重金属、污染物质以及其他危害人体健康的物质的；属于病死、死因不明或者检验检疫不合格	

生产、销售不符合安全标准的食品罪 ★	的畜、禽、兽、水产动物及其肉类、肉类制品的；属于国家为防控疾病等特殊需要明令禁止生产、销售的；婴幼儿食品中生长发育所需营养成分严重不符合食品安全标准的；其他足以造成严重食物中毒事故或者严重食源性疾病的情形。 （2）在食品加工、销售、运输、贮存等过程中，违反食品安全标准，超限量或者超范围滥用食品添加剂，足以造成严重食物中毒事故或者其他严重食源性疾病的，依照《刑法》第 143 条的规定以生产、销售不符合安全标准的食品罪定罪处罚。 （3）在食用农产品种植、养殖、销售、运输、贮存等过程中，违反食品安全标准，超限量或者超范围滥用添加剂、农药、兽药等，足以造成严重食物中毒事故或者其他严重食源性疾病的，适用前款的规定定罪处罚。	具体危险犯
生产、销售、提供假药罪 ★	是指明知是假药而进行生产、销售、提供，足以严重危害人体健康的行为。	抽象危险犯（有死刑）
	"假药"是指依照《药品管理法》的规定属于假药的药品、非药品。2019 年 12 月 1 日生效的《药品管理法》第 98 条第 2 款规定："有下列情形之一的，为假药：①药品所含成份与国家药品标准规定的成份不符；②以非药品冒充药品或者以他种药品冒充此种药品；③变质的药品；④药品所标明的适应症或者功能主治超出规定范围。"因此，未经批准生产、进口的仿制药品、代购药品都不再属于假药。根据从旧兼从轻原则，在新法生效前未审结的案件，都应该适用新法的规定。	
	（1）未经批准的进口药品不再是假药，但是销售行为也可能构成新罪。 （2）疫苗成分不足是劣药而非假药，但若疫苗变质则是假药。	

续表

生产、销售、提供劣药罪	是指明知是劣药而进行生产、销售，对人体健康造成严重危害的行为。	结果犯
	生产、销售、提供劣药罪是实害犯，必须出现对人体健康造成严重危害的实害结果方构成犯罪。和生产、销售、提供假药罪相同，《刑法修正案（十一）》也规定，<u>药品使用单位的人员明知是劣药而提供给他人使用的，依照生产、销售、提供劣药罪的规定处罚。</u>	
妨害药品管理罪	违反药品管理法规，有下列情形之一，足以严重危害人体健康的，构成犯罪：①生产、销售国务院药品监督管理部门禁止使用的药品的；②未取得药品相关批准证明文件生产、进口药品或者明知是上述药品而销售的；③药品申请注册中提供虚假的证明、数据、资料、样品或者采取其他欺骗手段的；④编造生产、检验记录的。	具体危险犯
	本罪是《刑法修正案（十一）》规定的新罪，犯罪对象是假药和劣药以外的违禁药品，但是为了和行政违法相区别，成立本罪必须出现足以严重危害人体健康的具体危险。本罪属于具体危险犯。<u>生产、销售假药罪是抽象危险犯，生产、销售劣药罪是实害犯。</u>	
生产、销售不符合标准的医用器材罪	两高两部《关于依法惩治妨害新型冠状病毒感染肺炎疫情防控违法犯罪的意见》规定，在疫情防控期间，生产不符合保障人体健康的国家标准、行业标准的医用口罩、护目镜、防护服等医用器材，或者销售明知是不符合标准的医用器材，足以严重危害人体健康的，依照《刑法》第145条的规定，以生产、销售不符合标准的医用器材罪定罪处罚。	具体危险犯
生产、销售伪劣产品罪 ★	构成本罪的一个重要标准是"销售金额5万元以上"。[注意]是销售金额而不是纯利润。伪劣产品尚未销售，但货值金额达到15万以上的，虽然不构成既遂，但可以生产、销售伪劣产品罪（未遂）定罪处罚。	结果犯

续表

法条竞合	（1）法条竞合的兜底：生产、销售《刑法》第 141 条至第 148 条所列产品，不构成各该条规定的犯罪，但是销售金额在 5 万元以上的，依照《刑法》第 140 条的规定定罪处罚； （2）法条竞合的处理：生产、销售《刑法》第 141 条至第 148 条所列产品，构成各该条规定的犯罪，同时又构成《刑法》第 140 条规定之罪的，依照处罚较重的规定定罪处罚。	—
罪　　数	（1）实施生产、销售伪劣商品犯罪同时又构成侵犯知识产权、非法经营等罪，应该从一重罪论处。 （2）实施生产、销售伪劣商品犯罪行为，同时又以暴力、威胁方法抗拒查处的，以生产、销售伪劣商品犯罪和妨害公务罪数罪并罚。 （3）国家机关工作人员实施生产、销售伪劣商品犯罪，从重处罚，这是司法解释规定的酌定从重情节。 （4）知道或者应当知道他人实施生产、销售伪劣商品犯罪，而为其提供贷款、资金、账号、发票、证明、许可证件，或者提供生产、经营场所或者运输、仓储、保管、邮寄等便利条件，或者提供制假生产技术的，以生产、销售伪劣商品犯罪的共犯论处。 （5）认识错误与重合。普通法和特别法在普通法范围内是重合的。同类法益，重法和轻法在轻法的范围内也是重合的。	—

十八、洗钱罪

本罪是指明知是毒品、黑社会性质的组织、恐怖活动、走私、贪污贿赂、破坏金融管理秩序、金融诈骗犯罪的违法所得及其产生的收益，掩饰、隐瞒其来源和性质的行为。

自洗钱也构成洗钱罪，不再适用期待可能性理论。

十九、非法集资犯罪

非法吸收公众存款罪 ★★★	根据司法解释，违反国家金融管理法律规定，向社会公众（包括单位和个人）吸收资金的行为，同时具备下列四个条件的，除刑法另有规定的以外，应当认定为《刑法》第176条规定的"非法吸收公众存款或者变相吸收公众存款"： （1）未经有关部门依法批准或者借用合法经营的形式吸收资金。（非法性） （2）通过媒体、推介会、传单、手机短信等途径向社会公开宣传。（公开性） （3）承诺在一定期限内以货币、实物、股权等方式还本付息或者给付回报。（利诱性） （4）向社会公众即社会不特定对象吸收资金。未向社会公开宣传，在亲友或者单位内部针对特定对象吸收资金的，不属于非法吸收或者变相吸收公众存款。社会公众包括单位和个人。（社会性）
	注意特定性的限制： （1）在向亲友或者单位内部人员吸收资金的过程中，明知亲友或者单位内部人员向不特定对象吸收资金而予以放任的。 （2）以吸收资金为目的，将社会人员吸收为单位内部人员，并向其吸收资金的。这两种情况依然符合社会性。
集资诈骗罪 ★★★	（1）只要客观行为属于非法吸收或者变相吸收公众存款，并具有非法占有目的，就构成集资诈骗罪。
	（2）司法解释规定，使用诈骗方法非法集资，具有下列情形之一的，可以认定为"以非法占有为目的"： ①集资后不用于生产经营活动或者用于生产经营活动与筹集资金规模明显不成比例，致使集资款不能返还的； ②肆意挥霍集资款，致使集资款不能返还的； ③携带集资款逃匿的； ④将集资款用于违法犯罪活动的； ⑤抽逃、转移资金、隐匿财产，逃避返还资金的； ⑥隐匿、销毁账目，或者假破产、假倒闭，逃避返还资金的；

续表

集资诈骗罪 ★★★	⑦拒不交代资金去向，逃避返还资金的； ⑧其他可以认定非法占有目的的情形。
非法经营罪 ★★	（1）未经国家有关主管部门批准非法经营证券、期货、保险业务的，或者非法从事资金支付结算业务的（如地下钱庄、信用卡套现）。 （2）私募基金行为的定性。有关司法解释规定，违反国家规定，未经依法核准擅自发行基金份额募集基金，情节严重的，以非法经营罪定罪处罚。私募基金型的非法经营罪是一种特殊的非法集资犯罪，在客观上是一种非法吸收公众存款的行为，必须符合非法吸收公众存款罪的四个特征。 （3）［提醒］构成这类非法经营罪，客观上亦是非法吸收公众存款，符合非法性、公开性、利诱性和社会性四个特征。如果主观上同时有非法占有目的，则构成集资诈骗罪。

二十、信用卡诈骗罪、保险诈骗罪和非法经营罪

信用卡诈骗罪 ★★★	（1）对象。信用卡是指由商业银行或者其他金融机构发行的具有消费支付、信用贷款、转账结算、存取现金等全部功能或者部分功能的电子支付卡，因此它既包括可以透支的信用卡，也包括不能透支的借记卡。
	（2）行为方式 ①使用伪造的或者使用以虚假的身份证明骗领的信用卡的。 ②使用作废的信用卡。 ③冒用他人的信用卡：拾得他人信用卡并使用的；骗取他人信用卡并使用的；窃取、收买、骗取或者以其他非法方式获取他人信用卡信息资料，并通过互联网、通讯终端等使用的。 ④恶意透支的（持卡人以非法占有为目的，超过规定限额或者规定期限透支，并且经发卡银行两次催收后超过3个月仍不归还的）。
	（3）信用卡诈骗与盗窃等罪的区别 ①机器能否被骗。原则上认为机器不能被骗，但注意法律和司法解释的例外规定。

续表

信用卡 诈骗罪 ★★★	a. 拾得他人信用卡并在自动柜员机（ATM 机）上使用的行为，司法解释规定，属于"冒用他人信用卡"的情形，构成犯罪的，以信用卡诈骗罪追究刑事责任。 b. 盗窃信用卡并使用，依照盗窃罪定罪处罚。无需区分对机器和对人。 c. 抢劫信用卡并使用，依照抢劫罪定罪处罚。无需区分对机器和对人。 ②盗窃信用卡并使用。盗窃信用卡并使用的，依照盗窃罪定罪处罚。这是一种特殊的盗窃罪，它包括两个步骤： a. 盗窃信用卡：不包括盗窃伪造的信用卡，也不包括盗窃信用卡信息资料在网上银行和电话银行使用。但是盗窃手机，使用手机中的支付宝、微信银行的，由于没有侵犯信用卡管理秩序，只构成盗窃罪。当然，如果窃取或骗取他人借记卡信息资料通过支付宝关联到该银行卡信息，将卡内钱款占为己有的行为，构成信用卡诈骗罪。 b.（按照信用卡的应有用途）使用该盗窃的信用卡。 ③骗领信用卡并使用。使用虚假的身份证明领取信用卡，《刑法修正案（五）》第 1 条将此规定为妨害信用卡管理罪。《刑法修正案（五）》第 2 条还将使用以虚假身份证明骗领信用卡的行为补充规定为信用卡诈骗罪的行为方式之一。因此，骗领信用卡并使用的行为，属于妨害信用卡管理罪与信用卡诈骗罪的牵连犯，应当从一重罪处断。 （4）［提醒］关于信用卡犯罪，首先看是否属于盗窃或抢劫信用卡并使用，其次，具有三角诈骗性质的一般都是信用卡诈骗。
保险 诈骗罪	（1）特殊主体即被保险一方，包括投保人、被保险人、受益人，可以是单位犯罪；其他人不能单独成立此罪，但可构成本罪的共同犯罪。同时，不具备特殊身份的人也不能构成此罪的间接正犯。 （2）提供虚假证明文件的以共犯论。 （3）构成本罪同时又构成其他犯罪的（如放火罪、故意伤害罪等），应数罪并罚。
非法 经营罪	是指违反国家规定，非法经营，扰乱市场秩序，情节严重的行为。行为方式包括： （1）未经许可，经营法律、行政法规规定的专营、专卖物品或者其他限制买卖的物品的。 （2）买卖进出口许可证、进出口原产地证明以及其他法律、行政法规规

续表

非法经营罪	定的经营许可证或者批准文件的。 （3）未经国家有关主管部门批准非法经营证券、期货、保险业务的，或者非法从事资金支付结算业务的（如地下钱庄、信用卡套现）。 　　私募基金型的非法经营罪是一种特殊的非法集资犯罪，在客观上是一种非法吸收公众存款的行为，必须符合非法吸收公众存款罪的四个特征。 　　"地下钱庄"和"私募基金"构成非法经营罪必须要在客观上属于非法吸收公众存款，符合该行为的四个特征。如果同时在主观上具备非法占有的目的，则构成集资诈骗罪。 （4）其他严重扰乱市场秩序的非法经营行为。①严重的高利贷行为。2年内向不特定多人（包括单位和个人）以借款或其他名义出借资金10次以上。其中高利贷需超过36%的实际年利率，个人非法放贷数额累计在200万元以上的，单位非法放贷数额累计在1000万元以上的，才达到入罪标准。②在疫情防控期间，囤积居奇，哄抬疫情防控急需的口罩、护目镜、防护服、消毒液等防护用品、药品或者其他涉及民生的物品价格，牟取暴利。 （5）关于非法经营罪，要注意形式和实质两方面的限制。

二十一、侵犯生命、健康的犯罪

都是一般主体。

故意杀人罪 ★★★	（1）根据《刑法》第238、247、248、289、292条的规定，对非法拘禁使用暴力致人死亡的，刑讯逼供或暴力取证致人死亡的，虐待被监管人致人死亡的，聚众"打砸抢"致人死亡的，聚众斗殴致人死亡的，应以故意杀人罪论处。 （2）某种暴力性犯罪，故意杀人的情节被吸收，不再单独论罪，而直接以该种暴力犯罪一罪处罚。如抢劫致人死亡、劫持航空器致人死亡、绑架并杀害人质的，等等。但是如果行为人在实施了上述暴力性犯罪之后，为了灭口、逃避侦查等原因而将被害人杀害的，应按照故意杀人罪和有关的暴力犯罪进行并罚。

续表

	利用 自杀类型	是否 实行行为	正常成年人	精神病人 或未成年人	特殊规定
关于 自杀行为	胁迫、 欺骗自杀	非实行 行为	高概率导致 自杀才构成 间接正犯	故意杀人罪 的间接正犯	组织、利用邪教组 织蒙骗他人，致人 重伤、死亡罪，这 是欺骗型自杀的特 殊规定；如果属于 胁迫型，仍可能系 故意杀人罪的间接 正犯。
			非高概率 导致自杀 不构成犯罪		
	帮助、 教唆自杀	非实行 行为	一般不构成 犯罪		
	得到被害人 承诺的杀人	实行 行为	构成故意杀人罪的实行犯		
过失致人 死亡罪	（1）表现为由于过失致他人死亡的行为。 （2）主观方面是过失。 （3）处罚"7年以下有期徒刑"。 （4）存在严重法条竞合问题（27个），刑法分则另有规定的，依照规定。如失火致人死亡——失火罪；交通肇事致人死亡——交通肇事罪。 （5）故意伤害罪（致人死亡）与过失致人死亡罪，两罪对死亡结果都持过失心态，但前者有伤害的故意，而后者没有伤害的故意。				
故意 伤害罪	（1）表现为非法损害他人身体健康的行为。 （2）主观方面是故意。 （3）处罚从管制到死刑。 （4）根据《刑法》第238、247、248、289、292、333条的规定，对非法拘禁使用暴力致人伤残的，刑讯逼供或暴力取证致人伤残的，虐待被监管人致人伤残的，聚众"打砸抢"致人伤残的，聚众斗殴致人重伤的，非法组织或强迫他人出卖血液造成伤害的，应以故意伤害罪论处。				

续表

故意 伤害罪	（5）与故意杀人罪的关系：故意伤害与故意杀人并非对立关系，而是具有补充关系：在无法查明杀人和伤害时，可以认定为故意伤害。例如，甲想杀人，乙想伤人，二人共同攻击丙，可以在故意伤害内成立共同犯罪；行为人先以伤害故意，后以杀人故意对他人实施暴力，无法判断是前行为，还是后行为致人死亡，可以直接认定为故意伤害致人死亡。
组织出卖 人体器官罪 ★★	（1）组织是指行为人实施领导、策划、控制他人出卖人体器官的行为。组织者往往以给器官捐献者支付报酬为诱饵，拉拢他人进行器官出卖。这种出卖行为得到了受害人的同意。如果违背他人意愿，摘取他人器官的，这不构成组织他人出卖人体器官罪，而应按照故意伤害罪或故意杀人罪处理。被组织者不要求是多人。
	（2）违背他人意愿摘取器官的处理 《刑法》第 234 条之一第 2 款规定，未经本人同意摘取其器官，或者摘取不满 18 周岁的人的器官，或者强迫、欺骗他人捐献器官的，依照故意伤害罪、故意杀人罪的规定定罪处罚。
	（3）非法摘取尸体器官的处理 《刑法》第 234 条之一第 3 款规定，违背本人生前意愿摘取其尸体器官，或者本人生前未表示同意，违反国家规定，违背其近亲属意愿摘取其尸体器官的，依照《刑法》第 302 条的盗窃、侮辱尸体罪定罪处罚。

二十二、性侵犯罪

都是行为犯，主观方面都是故意。

强奸罪 ★★★	（1）表现为违背妇女意志，使用暴力、胁迫或者其他手段，强行与妇女发生性交的行为。所谓"违背妇女意志"应是指违背正常妇女的意志，如果妇女是不能辨认和控制自己行为的精神病人，只要有与该妇女发生性交的行为，就应定强奸罪。所谓"其他手段"，如用酒灌醉、用药物麻醉等。 （2）妇女可以成为强奸罪的实行犯，因为强奸罪是暴力犯罪。 （3）奸淫不满 14 周岁的幼女的，不论幼女是否同意，以强奸论，从重

续表

强奸罪 ★★★	处罚，如果对方不可能知道对方是幼女不以强奸幼女论。《刑法修正案（九）》取消了嫖宿幼女罪，嫖宿幼女属于奸淫幼女的一种情况，以强奸罪从重处罚。 （4）有下列情形之一的，处"10年以上"至死刑：①情节恶劣；②强奸多人；③公开场合；④轮奸（轮奸采取两人奸淫成立主义，也即要有两人以上实施了奸淫实行行为，才成立轮奸，因此轮奸很难出现中止的现象）；⑤奸淫不满10周岁的幼女或者造成幼女伤害的；⑥致被害人重伤、死亡或造成其他严重后果。强奸后为灭口等原因又伤害、杀人的，数罪并罚。 （5）强奸罪被包容的情形。在拐卖妇女的犯罪过程中，强奸被拐卖的妇女的，仍直接以拐卖妇女罪一罪论处。根据《刑法修正案（九）》的规定，在强迫他人卖淫的犯罪过程中，强奸后迫使其卖淫的，不再以强迫卖淫罪一罪论处，而应数罪并罚。
负有照护 职责人员 性侵罪	本罪是《刑法修正案（十一）》增加的罪名，对于已满14周岁不满16周岁的未成年女性，虽然她们的身体可能发育成熟，但是性心理可能发育仍不充分，她们非常容易成为具有信任地位者性剥削的对象，因此，法律要通过限制她们的自由来保护她们，这是缓和的家长主义立法。 （1）本罪的主体必须是负有监护、收养、看护、教育、医疗等特殊职责的人员。 （2）被害人是已满14周岁不满16周岁的未成年女性。行为方式是发生性关系，既包括奸淫，又包括猥亵。 （3）如果同时符合强奸罪的构成要件，如行为人采取暴力、胁迫等方法强行与未成年少女发生关系，应当从一重罪论处。
强制猥亵、 侮辱罪 ★★	（1）强制猥亵、侮辱罪是指以暴力、胁迫或者其他方法强制猥亵他人或者侮辱妇女的行为。《刑法修正案（九）》把猥亵的对象从妇女扩大为他人，故男性也可成为本罪的被害人。 （2）"侮辱"与"猥亵"具有同一性，其被害人仍然只能是女性，它是直接损害女性性自治权的具有猥亵性质的行为，如强迫女性观看他人的猥亵行为，或者强迫妇女自己实施猥亵行为的情形。 （3）聚众或者在公共场所当众犯前款罪的，或者有其他恶劣情节的，

强制猥亵、侮辱罪 ★★	属于强制猥亵、侮辱罪的加重情节。 （4）本罪的犯罪对象应当在 14 周岁以上，必须是在对方不同意的情况下实施，如果猥亵的是不满 14 周岁的儿童（男童和女童），无论对方是否同意，也无论是否使用强制手段，都应以猥亵儿童罪定罪。 （5）《刑法修正案（十一）》明确了猥亵儿童罪的加重情节。

二十三、侵犯人身自由的犯罪

都是行为犯，都是一般主体，主观方面都是故意。

非法拘禁罪 ★★★	（1）以拘押、禁闭或其他强制方法非法剥夺他人人身自由的行为。 （2）以索债为目的非法扣押、拘禁他人的，定本罪，而不是绑架罪。 （3）与其他罪的竞合或牵连问题。如强奸罪、刑讯逼供罪、暴力干涉婚姻自由罪、拐骗儿童罪、妨害公务罪、组织他人偷越国（边）境罪、绑架罪、拐卖妇女儿童罪中都包含有非法拘禁行为，不另定非法拘禁罪。 （4）收买被拐卖妇女、儿童又有非法拘禁行为的，应数罪并罚。 （5）有殴打、侮辱情节的，从重处罚。 （6）非法拘禁使用暴力超出拘禁行为所需范围致人死亡，而没有杀人故意的（以对死亡具有预见可能性为前提），适用《刑法》第 238 条第 2 款转化犯的规定。 （7）非法拘禁致人死亡，但没有使用超出拘禁行为所需范围的暴力的，仍然适用《刑法》第 238 条第 2 款前段的规定，以非法拘禁罪的结果加重犯论处。 （8）在非法拘禁的过程中，故意实施伤害行为过失导致被害人死亡的，适用《刑法》第 238 条第 2 款后段的规定，认定为故意杀人罪。 （9）在非法拘禁过程中，故意杀人的，应当数罪并罚。 （10）国家机关工作人员利用职权实施非法拘禁的，从重处罚。
绑架罪 ★★★	（1）行为分为三个环节：〔第 1 步〕绑架被害人；〔第 2 步〕向被绑架人的近亲属等人要求其支付财物；〔第 3 步〕被绑架人的近亲属等人因被害人被绑架而被动交付财物。
	（2）以勒索为目的偷盗婴幼儿的，构成本罪。

续表

绑架罪 ★★★	（3）既未遂标准和共同犯罪：只要将被绑架人置于行为人或第三人控制之下，就成立既遂；绑架罪是复合行为犯，只要主观上基于勒索之目的，无论是在控制被绑架人或者在向第三人发出勒索请求任何一个环节加入犯罪，都可以成立绑架罪共同犯罪。
	（4）杀害被绑架人的，或者故意伤害被绑架人，致人重伤、死亡的，处无期徒刑或者死刑，并处没收财产，不另定罪。（《刑法修正案（九）》取消了绑架致人死亡这种结果加重犯，同时增加了故意伤害情节，因此导致绑架罪适用的一系列变化） ① 如果绑架行为本身致人死亡，这不再是结果加重犯，可以按照绑架罪和过失致人死亡罪想象竞合，从一重罪论处。但绑架后实施其他过失犯罪（交通肇事）致人死亡，则数罪并罚。 ② 如果在绑架过程中故意杀人，但未达既遂，一般认为，这可以认定为普通绑架罪和故意杀人罪的未遂，数罪并罚。但若未遂造成了重伤结果，则应该直接适用"杀害被绑架人的……致人重伤"这个条款。 ③ 如果在绑架过程中故意伤害，但只造成了轻伤结果，这可以普通绑架罪和故意伤害罪（轻伤）数罪并罚。但如果是绑架行为本身致轻伤，属于想象竞合。
	（5）如果在绑架过程中，实施了强奸行为的，以绑架罪和强奸罪实行数罪并罚，如果实施的是抢劫行为，则从一重罪论处。但是，如果在抢劫之后实施绑架的，则应该数罪并罚。
拐卖妇女、儿童罪 ★★★	（1）表现为以出卖为目的，拐骗、绑架、收买、贩卖、接送、中转妇女、儿童的行为。行为人只要具有上述行为之一，就构成犯罪。
	（2）有下列情形之一，处"10年以上"至死刑： ① 拐卖妇女、儿童集团的首要分子。 ② 拐卖妇女、儿童3人以上的。 ③ 奸淫被拐卖的妇女的（此种情况无需再定强奸罪）。 ④ 诱骗、强迫被拐卖的妇女卖淫或者将被拐卖的妇女卖给他人迫使其卖淫的（此种情况无需再定强迫卖淫罪）。 ⑤ 以出卖为目的，使用暴力、胁迫或者麻醉方法绑架妇女、儿童的（含以出卖为目的抢劫儿童）。

续表

拐卖妇女、儿童罪 ★★★	⑥以出卖为目的，偷盗婴幼儿的。这是指秘密偷盗不满1周岁的婴儿或不满6周岁的幼儿。对婴幼儿采取欺骗、利诱等手段使其脱离监护人或者看护人的，视为《刑法》第240条第1款第6项规定的"偷盗婴幼儿"。 ⑦造成被拐卖的妇女、儿童或者其亲属重伤、死亡或者其他严重后果的。这是指拐卖行为直接或间接地造成被拐妇女、儿童或亲属重伤、死亡或者其他严重后果，如采取捆绑、虐待手段导致严重结果，又如拐卖行为导致被害人或亲属自杀或精神失常。如果在拐卖妇女、儿童过程中，对被害人进行故意杀害、重伤，则应认定为数罪，将故意杀人罪、故意伤害罪与拐卖妇女、儿童罪实行并罚。 ⑧将妇女、儿童卖往境外的。
收买被拐卖的妇女、儿童罪 ★	（1）收买被拐卖的妇女、儿童，并有强奸、非法拘禁、伤害、侮辱等犯罪行为的，数罪并罚。 （2）收买被拐卖的妇女、儿童又出卖的，依拐卖妇女、儿童罪定罪处罚。 （3）拐卖与收买是对合犯，属于广义的共同犯罪。 （4）从宽情节。《刑法修正案（九）》将此免责条款修改为从宽处罚条款：收买被拐卖的妇女、儿童，对被买儿童没有虐待行为，不阻碍对其进行解救的，可以从轻处罚；按照被买妇女的意愿，不阻碍其返回原居住地的，可以从轻或者减轻处罚。

二十四、强制占有的财产犯罪

按照行为人是否在乎财物的使用价值，财产犯罪可以分为占有型和破坏型。占有型财产犯罪是非法占有财物的犯罪。所谓非法占有，是指排除权利人的占有而将他人的财物当做自己的所有物，并按其本来用途进行利用或处分的意思。非法占有目的由"排除意思"与"利用意思"构成，前者重视的是法的侧面，后者重视的是经济的侧面，前者是指排除权利人的占有，这可以将不值得科处刑罚的盗用、骗用行为排除在犯罪之外，后者是对财物进行利用、处分，这可以把盗窃等取得型犯罪与故意毁坏财物罪相区别。一般来说，凡是以单纯毁坏、隐匿以外的意思而取得他人财物的，都可能评价为具有利用意思。破坏型财产犯罪是毁坏了财物的使用价值。例如，将他人饲养的名贵小鸟从鸟笼中放走，此行为就不属于非法占有，而只能认定为故意毁坏财物罪。

财产犯罪的对象包括财产和财产性利益。

抢劫罪 ★★★	（1）抢劫罪必须当场使用暴力等强制手段，当场获得财物，这两个"当场"必须同时具备。 ①强制手段 　　抢劫罪中的"强制手段"有暴力、胁迫或者其他方法。这些方法都足以导致被害人不能反抗、不知反抗或不敢反抗。 ②时间条件 　　抢劫罪必须当场施加强制行为，同时还要当场获得财物，如果是事后取财，则不成立抢劫。这里需要注意的是对于"当场"的理解不能过于狭窄，即使强制行为与取得财物的行为之间虽然不属于同一场所，但只要从整体上看行为并无间断，也属于当场取财。 ③强制手段与取财之间存在因果关系。
	（2）主观方面 　　抢劫罪是故意犯罪，并且具有非法占有的目的。如果是为了索取合法债务而使用暴力的，不成立抢劫罪，根据情况可成立故意伤害罪、非法拘禁罪、非法侵入住宅罪。
	（3）法益 　　抢劫罪侵害的法益是复杂法益，既有人身权利又有财产权利，因此抢劫行为只要出现劫取财物或造成轻伤结果之一的，就可成立抢劫罪的既遂。
	（4）加重情节 ①入户抢劫的： ［形式标准］"户"在这里是指住所，其特征表现为供他人家庭生活和与外界相对隔离两个方面。 ［实质标准］入户抢劫侵害的是他人的住宅安宁权。 ［主观标准］"入户"目的的非法性（以侵害户内人员的人身、财产为目的，入户后实施抢劫，包括入户实施盗窃、诈骗等犯罪而转化为抢劫的，

	应当认定为"入户抢劫")。 ②在公共交通工具上抢劫的（不含小型出租车）。 ③抢劫银行或者其他金融机构的（不含银行办公用品和银行职员财物）。 ④多次抢劫或者抢劫数额巨大的。"多次抢劫"是指抢劫 3 次以上。 ⑤抢劫致人重伤、死亡的。 　"抢劫致人重伤、死亡"既包括行为人的暴力等行为过失致人重伤、死亡，也包括行为人为劫取财物而预谋故意杀人，或在劫取财物的过程中，为了制服被害人反抗而故意杀人。 a. 抢劫与重伤或死亡之间必须存在因果关系； b. 抢劫包括强制手段与获得财产，因此只要是强制手段或者获得财产，任何一种行为导致他人死亡，都属于抢劫致人死亡； c. 因果关系的错误不影响定性。 ⑥冒充军警人员抢劫的（不含真警察抢劫）。 ⑦持枪抢劫的（不含假枪）。 ⑧抢劫军用物资或者抢险、救灾、救济物资的。
抢劫罪 ★★★	（5）携带凶器抢夺的，以抢劫罪定罪处罚（《刑法》第 267 条）。 ①在主观上，行为人携带"凶器"的目的是为了犯罪而准备。如携带管制刀具，推定有犯罪目的。 ②在客观上，携带凶器不需要显露。
	（6）转化型抢劫：犯盗窃、诈骗、抢夺罪，为窝藏赃物、抗拒抓捕或者毁灭罪证而当场使用暴力或者以暴力相威胁的，以抢劫罪的规定定罪处罚。 ①起因条件。行为人必须实施了盗窃、诈骗、抢夺罪。这里所说的罪一般需要达到犯罪既遂标准，但在特殊情况下，即便未达到犯罪标准，也可成立转化型抢劫。 ②时间条件。必须当场使用暴力或者以暴力相威胁。"当场"是指行为人实施盗窃等行为的现场以及被人追捕的整个过程和现场。此处的"暴力"或"暴力威胁"必须达到足以压制一般人反抗的程度。 ③强制程度。此处的暴力或暴力威胁必须达到足以压制一般人反抗的程度。比如盗窃之后，以自杀相威胁来抗拒抓捕，显然不构成抢劫罪。 ④主观目的。使用暴力或者以暴力相威胁的目的是为了窝藏赃物、抗拒抓捕或者毁灭罪证。刑法中的目的犯，目的并不需要实际实现。

续表

抢劫罪 ★★★	⑤**主体**。已满14周岁不满16周岁的人不成立转化型抢劫。 ⑥**转化型抢劫与一般抢劫的区别**。转化型抢劫是一种事后抢劫，它与一般抢劫的区别主要体现在暴力、胁迫等强制手段的使用时间，转化型抢劫是取财结束之后使用强制手段。
	（7）**抢劫罪的既未遂标准**：具备劫取财物或者造成他人轻伤以上后果两者之一的，均属抢劫既遂；既未劫取财物，又未造成他人人身伤害后果的，属抢劫未遂。除"抢劫致人重伤、死亡的"这一结果加重情节之外，其余七种处罚情节同样存在既遂、未遂问题。
抢夺罪 ★★	（1）抢夺罪是以非法占有为目的，公然夺取数额较大的公私财物，或者多次抢夺的行为。客观方面表现为公然对财物行使有形力，使他人来不及抗拒而取得数额较大的财物。其本质在于"公然夺取"。 （2）与抢劫罪、盗窃罪的区别 | 抢劫	对人的暴力	有直接致人伤亡的危险		
抢夺	对物的暴力	间接致人伤亡的危险	观点一：公然取财	观点二：暴力取财
盗窃	无暴力		观点一：秘密取财	观点二：平和取财	
	（3）**抢夺致人死亡**。本罪未规定致人死亡的结果加重犯，如果行为人抢夺财物，使被害人跌倒摔伤或者死亡，不成立抢劫，成立抢夺罪和过失致人重伤罪或过失致人死亡罪的想象竞合犯，依照处罚较重的处理。按照最新司法解释，属于抢夺罪的情节加重犯。 （4）《刑法修正案（九）》增加多次抢夺的规定。 （5）**飞车抢夺的定性**：对于驾驶机动车、非机动车夺取他人财物的，一般以抢夺罪从重处罚。但如果属于对人的高度暴力，构成抢劫罪。
敲诈勒索罪 ★★	（1）是以非法占有为目的，对被害人实施威胁或者要挟的方法，强行索取财物，数额较大或多次敲诈勒索的行为。 （2）**与抢劫罪的区别**。敲诈可以采取暴力和非暴力方法，如果采取暴力方法，这种暴力或者是低度暴力，或者是严重暴力胁迫的暴力不能当场兑现。

续表

| 敲诈勒索罪 ★★ | （3）与正当行使权利的区别：如果行为人索取债权有正当的权利基础，或者行使权利并不违背社会的通常观念，就不属于敲诈勒索，反之，如果没有正当的权利基础而借故要挟，则为敲诈勒索。 |

二十五、平和占有的财产犯罪

| 盗窃罪 ★★★ | （1）本罪的对象是财物，财物包括有体物和无体物（如电力、煤气、天然气等），违禁品也属于本罪对象（根据司法解释，盗窃违禁品，按盗窃罪处理的，不计数额，根据情节轻重量刑）。 |
| | （2）盗窃罪的对象是他人占有的财物。占有包括事实上的占有，也包括社会观念上的占有。前者指他人物理支配范围内的财物，如家中的财物，后者即在社会观念上可以推知他人对财物有支配状态，如停在公共场所他人没有锁的自行车。
　　社会观念意义上的占有即一般人的社会观念，注意下列情况：
　　①处于他人的事实性支配领域之内的财物，即便并未被持有或守护，也属于该人占有。例如，他人住宅内的财物，即使忘记了该财物的所有，也仍然存在这种占有。
　　②即便处于某人的支配领域之外，但在社会观念上可以推定他人的事实性支配，也可以认定存在占有。例如，主人暂时离开，马上回来就属于事实性支配的延伸。如果主人就在现场，或者马上能够返回，一般推定为归主人占有。
　　③他人即便失去对财物的占有，但如该财物转移至管理者或第三人无因保管，则可认为属于管理者或第三人占有，也存在占有，如旅客遗忘在宾馆房间的钱包。但是，如果遗忘在流通性强的公共场所（如地铁、公车），由于这种遗忘发生在一般人可以自由出入，管理者的事实性支配在社会观念上难以延伸至此，则可以否定占有。如遗忘在公用电话亭的钱包。
　　④死者的占有。人死亡后，是否还存在对财物的占有权？《最高人民法院关于审理抢劫、抢夺刑事案件适用法律若干问题的意见》（以下简称《两抢意见》）第 8 条指出，实施故意杀人犯罪行为之后，临时起意拿走他人财物的，应以此前所实施的其他犯罪与盗窃罪实行数罪并罚。然而，如果死者死亡时间较长，一般可否定死者的占有。 |

续表

盗窃罪 ★★★	（3）盗窃的行为方式 《刑法修正案（八）》增加了几种新的无需达到"数额较大"标准即可构成本罪的盗窃行为，它们分别是入户盗窃、携带凶器盗窃、扒窃。 ①"数额较大"的标准是人民币1000元至3000元以上。有严重情节的，数额标准可以减半。 ②多次盗窃是指2年内盗窃3次以上。 ③入户盗窃。非法进入供他人家庭生活，与外界相对隔离的住所盗窃的，应当认定为"入户盗窃"。 ④携带凶器盗窃。携带枪支、爆炸物、管制刀具等国家禁止个人携带的器械盗窃，或者为了实施违法犯罪携带其他足以危害他人人身安全的器械盗窃的。 ⑤在公共场所或者公共交通工具上盗窃他人随身携带的财物的。
	（4）司法解释关于盗窃未遂的处理规则：具有下列情形之一的，应当依法追究刑事责任：①以数额巨大的财物为盗窃目标的；②以珍贵文物为盗窃目标的；③其他情节严重的情形。
	（5）盗窃既有既遂，又有未遂，分别达到不同量刑幅度的，依照处罚较重的规定处罚；达到同一量刑幅度的，以盗窃罪既遂处罚。
	（6）加重犯的未遂：主观上想盗窃（特别巨大），客观上数额较大。 ［观点1］加重刑的未遂和基本刑既遂的想象竞合（司法解释的观点）。 ［观点2］数额特别巨大不是加重犯罪构成，而是量刑规则。因此，只要客观上没有达到数额巨大，就不得适用数额巨大的法定刑，只能属于基本刑，未遂事实作为量刑情节对待。
诈骗罪 ★★★	一个完整的诈骗有五个阶段：欺骗行为、陷入认识错误、作出处分、取得财产、财产受损。 （1）欺骗行为。虚构事实，隐瞒真相。这是一种实质性欺骗。 （2）陷入认识错误。这里需要注意的是机器不能被骗，无处分能力之人也不能被骗。 （3）作出处分。这里的处分必须和认识错误有因果关系，如果无因果关系，则不构成诈骗罪的既遂。

续表

诈骗罪 ★★★		(4) 取得财产。取得财物的主体可以是行为人或行为人指派的第三人，如果没有取得财物，就不能成立诈骗既遂。取得财物包括两种：①积极财产的增加；②消极财产的减少，如伪造军牌，骗免养路费、通行费等数额较大的。 (5) 遭受财产损失，按照社会观念进行理解。
	三角诈骗	如果被害人与被骗人不一致，则可能出现三角诈骗的情况。诉讼诈骗（这是指通过伪造证据等方式来欺骗法院，获得对方当事人财物的行为）如果有相对人财物受损，也可能属于三角诈骗。由于《刑法修正案（九）》增加了虚假诉讼罪，因此这种行为，应当以虚假诉讼罪和诈骗罪从一重罪处断。
	诈骗罪与盗窃罪的区别	(1) 客观上，被骗人是否有处分能力。 (2) 主观上，被骗人是否有处分的意图。这里的处分意图即交付占有，占有必须是具有社会观念意义上的占有，而非单纯的控制。
	与敲诈勒索罪的区别	(1) 行为同时具有诈骗与恐吓性质，对方也同时陷入认识错误与恐惧心理，属于诈骗罪与敲诈勒索罪的想象竞合犯，应从一重罪论处。 (2) 行为人仅实施欺骗行为，使被害人陷入认识错误并产生恐惧心理，只能定诈骗罪。看行为人有无实施恐吓行为，关键看被害人认为行为人是好人，还是坏人。
	无权处分的处理 （开放性试题）	无权处分行为可能涉及两个被害人：①财产的所有人；②受让人。如果导致多方的法益受到损害，可能存在诈骗与其他财产犯罪的竞合。 [观点1] 无权处分无效说（无权处分是无效的，故财物的买受人遭受了财物损失，对买受人构成诈骗罪）； [观点2] 无权处分有效说（无权处分是有效的，故财物的买受人没有遭受财物损失，对买受人不构成诈骗罪）。

续表

侵占罪
★★★
	侵占罪可以分为两种，一种是侵占保管物，一种是侵占脱离物。
	
	（1）侵占保管物
	这是指将代为保管的物品占为己有的行为。这里需要注意如下几点：
	①封缄物的区分说。行为人受委托占有某种有封缄的包装物，并不同时占有封缄物内的财物。如果将包装物整体占为己有，可成立侵占；但如果将包装物打开，将里面的财物占为己有，则应成立盗窃。
	②辅助占有人将财物据为己有，不成立侵占。当占有人将财物交由辅助占有人"占有"，在社会观念上，财物并非为辅助占有人占有，因此辅助占有人将财物占为己有的行为应该成立盗窃。
	
	（2）侵占脱离物
	  脱离物包括遗忘物和埋藏物。在刑法中，遗忘物还包括遗失物。这里需要注意的是，如果某物在社会观念上仍然为他人所占有，就不能属于遗忘物，对这种物品的非法占有，就不能成立侵占。埋藏物是指埋藏于地下，所有人不明或应由国家所有的财物，如果是他人有意埋藏于地下的财物，则属于他人占有之物，非埋藏物。
	
	（3）与盗窃罪和诈骗罪的区别
	  在保管物侵占中，盗窃和侵占比较好区别（但要注意封缄物的区分说）。但在脱离物侵占中，两者经常有可能产生混淆。这里区别的关键就在于财物的属性是遗忘物，还是他人占有之物（尤其注意他人无因保管的占有）。侵占罪与诈骗罪的区别其实也是需要正确理解"他人占有"的含义，这主要也发生在无因保管占有的情况下。
	
	（4）财产损失的认定
	  侵占罪的被害人对于财物是否要有返还请求权，才能成立侵占，这也存在一定的争论。
	［观点1］被害人必须对财物有返还请求权，才能成立侵占；
	［观点2］即便被害人对财物没有返还请求权，也能成立侵占。
	  例如，甲乙两人盗窃，约好五五分成，但最后甲独吞所窃之财物。按照观点1，甲不成立侵占罪；而按照观点2，甲成立侵占罪。
	
	（5）本罪是纯正的亲告罪。

几种主要的财产犯罪的区别

犯罪构成 / 罪名	是否存在暴力等强制	是否有非法占有的意图	被害人是否处分财物	是否有数额要求	其他特征
抢劫	对人强制，压制一般人反抗	占有前产生	无	无（多次抢劫是加重情节）	当场施加强制，当场取财
抢夺	对物强制，间接上可能导致伤亡			数额较大或多次抢夺	公然夺取
敲诈勒索	暴力强制不能当场兑现			数额较大或多次敲诈	恶害相逼
盗窃	平和，非强制			数额较大或多次盗窃及其他	秘密窃取或公然获取
诈骗			有	数额较大	认识错误
侵占		占有后产生	有（保管物侵占，被害人转移了占有）	数额较大	占有转为非法所有

二十六、扰乱公共秩序罪

妨害公务罪	（1）本罪的行为方式有四种： ①以暴力、威胁方法阻碍国家机关工作人员依法执行职务； ②以暴力、威胁方法阻碍全国人民代表大会和地方各级人民代表大会代表依法执行代表职务； ③在自然灾害和突发事件中，以暴力、威胁方法阻碍红十字会工作人员依法履行职责； ④故意阻碍国家安全机关、公安机关依法执行国家安全工作任务，未使用暴力、威胁方法，但造成严重后果。 构成第4项妨害公务罪必须要造成严重后果，如果使用暴力、威胁阻碍国家安全机关、公安机关依法执行国家安全工作任务，没有造成严重后果的，可构成第1项妨害公务罪。

续表

妨害公务罪	（2）本罪是故意犯罪，必须明知是有关人员执行公务，如果不知对方是在执行公务，则不构成此罪，但有可能属于假想防卫。 （3）认定 ①想象竞合问题。本罪的暴力行为如果触犯了其他罪名，例如，暴力行为致人重伤、死亡，抢夺依法执行职务的司法工作人员的枪支等，应视为想象竞合犯，原则上从一重罪论处。 ②数罪并罚问题。在走私、贩卖、运输、制造毒品罪，组织、运送他人偷越国（边）境罪中使用暴力抗拒检查的，属于这些罪的加重情节。除此以外，对于其他所有犯罪，如果犯罪后又抗拒检查，均应以各该罪与妨害公务罪实施数罪并罚。例如，生产、销售伪劣产品又暴力抗拒市场监督管理部门工作人员的检查，应以生产、销售伪劣产品罪和妨害公务罪实施数罪并罚。 （4）袭警罪。《刑法修正案（十一）》增加了袭警罪，暴力袭警不再是妨害公务罪的从重情节，暴力袭击正在依法执行职务的人民警察的，构成袭警罪。在暴力袭警过程中，使用枪支、管制刀具，或者以驾驶机动车撞击等手段，严重危及其人身安全的，属于袭警罪的加重情节。
冒名顶替罪	这是《刑法修正案（十一）》增加的罪名。 （1）盗用、冒用他人身份，顶替他人取得的高等学历教育入学资格、公务员录用资格、就业安置待遇的，构成本罪； （2）如果组织、指使他人实施前述行为的，属于本罪的从重情节，依照冒名顶替罪从重处罚； （3）国家工作人员如果实施冒名顶替行为，又构成其他犯罪的，依照数罪并罚的规定处罚。
网络犯罪	（1）非法利用信息网络罪 　　利用信息网络实施下列行为之一，情节严重的，处3年以下有期徒刑或者拘役，并处或者单处罚金：①设立用于实施诈骗、传授犯罪方法、制作或者销售违禁物品、管制物品等违法犯罪活动的网站、通讯群组的，根据司法解释的规定，这是指以实施违法犯罪活

续表

网络犯罪	动为目的而设立或者设立后主要用于实施违法犯罪活动的网站、通讯群组的行为。②发布有关制作或者销售毒品、枪支、淫秽物品等违禁物品、管制物品或者其他违法犯罪信息的。③为实施诈骗等违法犯罪活动发布信息的。根据司法解释的规定，利用信息网络提供信息的链接、截屏、二维码、访问账号密码及其他指引访问服务的，属于此处的"发布信息"。 《刑法》第287条之一第1款第2、3项都属于犯罪预备行为的实行化，司法解释规定，"违法犯罪"包括犯罪行为和属于刑法分则规定的行为类型但尚未构成犯罪的违法行为。因此，单纯地发布违法信息，不构成本罪，例如，卖淫女发布招嫖信息，由于卖淫本身不是犯罪类型，故不成立犯罪。 同时构成其他犯罪的，依照处罚较重的规定定罪处罚。 （2）帮助信息网络犯罪活动罪 　　本罪是指明知他人利用信息网络实施犯罪，为其犯罪提供互联网接入、服务器托管、网络存储、通讯传输等技术支持，或者提供广告推广、支付结算等帮助，情节严重的行为。 　　本罪是一种不纯正的非实行行为的实行化，它并未完全排除总则的适用。 　　同时构成其他犯罪的，依照处罚较重的规定定罪处罚。 　　司法解释规定，被帮助对象实施的犯罪行为可以确认，但尚未到案、尚未依法裁判或者因未达到刑事责任年龄等原因依法未予追究刑事责任的，不影响帮助信息网络犯罪活动罪的认定。 [例] 甲为乙等人的网络诈骗提供支付结算帮助，使得乙等人骗取多名被害人数百余万元的金钱。此时，甲的行为不仅构成帮助信息网络犯罪活动罪，而且构成诈骗罪的从犯。

二十七、妨害司法罪

伪证罪 ★★★	（1）行为犯，表现为在刑事诉讼中，对与案件有主要关系的情节故意作虚假的证明、鉴定、记录、翻译的行为；

续表

伪证罪 ★★★	(2) 特殊主体，只能是证人、鉴定人、记录人、翻译人； (3) 诬告陷害后又伪证的，从一重罪。
辩护人、诉讼代理人毁灭证据、伪造证据妨害作证罪★	(1) 行为犯，表现为在刑事诉讼中实施了如下三种行为：①毁灭、伪造证据的行为；②帮助当事人毁灭、伪造证据的行为；③威胁、引诱证人违背事实改变证言或者作伪证的行为。 (2) 特殊主体，只有刑事诉讼辩护人、诉讼代理人才能构成本罪。
妨害作证罪 ★★★	(1) 行为犯，表现为采用暴力、威胁、贿买等方法阻止证人作证或者指使他人作伪证； (2) 不限于刑事诉讼中，民事、行政等诉讼中，也成立本罪； (3) 司法工作人员犯本罪从重处罚。
帮助毁灭、伪造证据罪 ★	(1) 表现为行为人实施帮助当事人毁灭、伪造证据的行为，要求情节严重； (2) 司法工作人员犯本罪从重处罚。

	罪 名	主 体	阶 段	行为方式	竞合关系
相互区别	伪证罪	证人、鉴定人、记录人、翻译人（证人可做扩张解释，包括被害人）	刑事诉讼（立案后）	对与案件有重要关系的情节，故意作虚假证明、鉴定、记录、翻译，意图陷害他人或者隐匿罪证的行为。	被告人教唆他人作伪证，不成立伪证罪的共犯。
	辩护人、诉讼代理人毁灭证据、伪造证据、妨害作证罪	辩护人、诉讼代理人	刑事诉讼	毁灭、伪造证据的行为；帮助当事人毁灭、伪造证据的行为；威胁、引诱证人作伪证的行为。	辩护人、诉讼代理人在刑事诉讼中教唆他人作伪证，构成此罪。被教唆人作伪证的构成伪证罪。

续表

	罪　名	主　体	阶　段	行为方式	竞合关系
相互区别	妨害作证罪	一般人（包括被告人）	刑事诉讼和其他诉讼	采用暴力、威胁、贿买等方法阻止证人作证或者指使他人作伪证的行为。（证人可扩张解释为包括被害人和鉴定人）	（1）被告人在刑事诉讼中采取暴力、威胁、贿买等方法教唆他人作伪证，不成立伪证罪的教唆犯，但构成此罪；（2）辩护人、诉讼代理人若在刑事诉讼中妨害作证，构成辩护人、诉讼代理人毁灭证据、伪造证据、妨害作证罪。
	帮助毁灭、伪造证据罪	一般人（不包括被告人）	刑事诉讼和其他诉讼	帮助当事人毁灭、伪造证据，情节严重的行为。	辩护人、诉讼代理人若在刑事诉讼中帮助毁灭、伪造证据构成辩护人、诉讼代理人毁灭证据、伪造证据、妨害作证罪。
虚假诉讼罪	（1）虚假诉讼罪限于"无中生有型"虚假诉讼行为，不包括"部分篡改型"虚假诉讼行为。				
	（2）"以捏造的事实提起民事诉讼"包括特定"隐瞒真相"的行为。				
	（3）虚假诉讼罪包括"单方欺诈"和"双方串通"两种类型。				
	（4）虚假诉讼罪与诈骗罪的关系 虚假诉讼罪与诈骗罪的关系，可能是考试的重点。一般说来，包括三种情况： ①同时符合虚假诉讼罪和诈骗罪，应当以本罪和诈骗罪从一重罪论处。 　[例] 甲伪造欠条，到法院起诉乙，法院上当，判乙还钱，甲构成虚假诉讼罪和诈骗罪，从一重罪论处。 ②只符合虚假诉讼罪，但不构成诈骗罪。				

续表

虚假诉讼罪	[例] 甲知道丈夫在国外，但欺骗法院获得宣告死亡的判决文书。 ③ 只构成诈骗罪，但不构成虚假诉讼罪。 [例] 乙向甲借款100万元，到期后一直未能归还。甲以乙出具的真实欠条作为证据向法院提起民事诉讼，请求乙归还欠款。乙伪造甲的收款凭证应诉，使法院信以为真。由于乙没有提起虚假的民事诉讼，所以不构成虚假诉讼罪，但构成诈骗罪（三角诈骗）。

二十八、毒品犯罪

走私、贩卖、运输、制造毒品罪 ★★★	（1）走私、贩卖、运输、制造毒品，无论数量多少，都应当追究刑事责任。 （2）以暴力抗拒检查、拘留、逮捕，情节严重的，为本罪加重情节，无需评价为妨害公务罪。 （3）直接向走私毒品的犯罪人购买毒品的，以走私毒品罪论处；分装毒品是制造毒品的一个环节，视为制造毒品。走私毒品是由境内向境外输出毒品，或者由境外向境内输入毒品，运输毒品只限于国内范围的某地向另一地的转移。 （4）毒品的数量以查证属实的走私、贩卖、运输、制造、非法持有毒品的数量计算，不以纯度折算，但是为掩护运输而将毒品融入其他物品中，不应将其他物品计入毒品的数量；对多次走私、贩卖、运输、制造毒品，未经处理的，毒品数量累计计算。 （5）本罪是故意犯罪，即明知是毒品而进行走私、贩卖、运输、制造。构成本罪只要求行为人认识到是毒品，不需要认识到毒品的具体名称、化学性能等具体性质。故意贩卖假毒品牟利的，按诈骗罪处理，不构成贩卖毒品罪。 （6）单位可以构成本罪，实施双罚制。 （7）利用、教唆未成年人走私、贩卖、运输、制造毒品，或者向未成年人出售毒品的，从重处罚。 （8）制造毒品不仅包括非法用毒品原植物直接提炼和用化学方法加

续表

走私、贩卖、运输、制造毒品罪 ★★★	工、配制毒品的行为，也包括以改变毒品成分和效用为目的，用混合等物理方法加工、配制毒品的行为，如将甲基苯丙胺或者其他苯丙胺类毒品与其他毒品混合成麻古或者摇头丸。为便于隐蔽运输、销售、使用、欺骗购买者，或者为了增重，对毒品掺杂使假，添加或者去除其他非毒品物质，不属于制造毒品的行为。 （9）共同犯罪问题 　居间介绍买卖毒品，不论是否从中牟利，以贩卖毒品罪的共犯论处；明知他人制造毒品而为其提供制毒物品的，以制造毒品罪的共犯论处。 　受雇于同一雇主同行运输毒品，但受雇者之间没有共同犯罪故意，或者虽然明知他人受雇运输毒品，但各自的运输行为相对独立，既没有实施配合、掩护他人运输毒品的行为，又分别按照各自运输的毒品数量领取报酬的，不应认定为共同犯罪。受雇于同一雇主分段运输同一宗毒品，但受雇者之间没有犯罪共谋的，也不应认定为共同犯罪。雇用他人运输毒品的雇主，及其他对受雇者起到一定组织、指挥作用的人员，与各受雇者分别构成运输毒品罪的共同犯罪，对运输的全部毒品数量承担刑事责任。 （10）未完成罪问题 　贩卖毒品以毒品实际交付转移为既遂标准。为了贩毒而购买毒品，还未出售的，这属于预备犯。对于制造毒品罪的既遂与未遂，应以被告人是否制造出毒品为判断标准。如已经投入生产，即使制造出的是粗制毒品或者半成品，也是既遂；如只是安装了设备、准备了原料，尚未开工生产的，则是未遂。
非法持有毒品罪 ★	（1）非法持有毒品必须达到法定数量才构成犯罪。其标准为鸦片200克以上，海洛因或者甲基苯丙胺10克以上或者其他毒品数量较大的。 （2）走私、贩卖、运输、制造毒品后又持有的，持有行为被吸收，不另行定罪。 （3）盗窃、抢夺、抢劫毒品后又实施其他毒品犯罪的，对盗窃罪、抢夺罪、抢劫罪和所犯的具体毒品犯罪分别定罪，依法数罪并罚。 （4）吸毒者实施的毒品犯罪。2015年《全国法院毒品犯罪审判工作座谈会纪要》规定，吸毒者在购买、存储毒品过程中被查获，没有证据证明其是为了实施贩卖毒品等其他犯罪，毒品数量达到《刑法》第348条规定的最低数量标准的，以非法持有毒品罪定罪处罚。吸毒

续表

非法持有 毒品罪 ★	者在运输毒品过程中被查获，没有证据证明其是为了实施贩卖毒品等其他犯罪，毒品数量达到较大以上的，以运输毒品罪定罪处罚。 （5）有证据证明行为人不是以营利为目的，为他人代买仅用于吸食的毒品，毒品数量超过《刑法》第348条规定数量最低标准，构成犯罪的，托购者、代购者均构成非法持有毒品罪。2015年《全国法院毒品犯罪审判工作座谈会纪要》规定，行为人为吸毒者代购毒品，在运输过程中被查获，没有证据证明托购者、代购者是为了实施贩卖毒品等其他犯罪，毒品数量达到较大以上的，对托购者、代购者以运输毒品罪的共犯论处。行为人为他人代购仅用于吸食的毒品，在交通、食宿等必要开销之外收取"介绍费""劳务费"，或者以贩卖为目的收取部分毒品作为酬劳的，应视为从中牟利，属于变相加价贩卖毒品，以贩卖毒品罪定罪处罚。 （6）只要在运输途中发现毒品，数量较大，无论是吸毒者，还是不吸毒者，一般都以运输毒品罪论处，自吸或代购都不能再作为辩护理由。

二十九、贪污犯罪

贪污罪 ★★★	（1）本罪的主体是国家工作人员和受委托管理国有财产的人员（受国家机关、国有公司、企业、事业单位、人民团体委托管理、经营国有财产的人员）。后者是因承包、租赁、临时聘用等管理、经营国有财产，此类主体仅在贪污罪中属于国家工作人员。 （2）利用职权便利。利用职务权力与地位所形成的主管、管理、经营、经手公共财物的便利条件。行为人利用自己熟悉单位情况、获得某些消息的便利等，不属于利用职务上的便利。 （3）行为方式有侵吞、窃取、骗取或其他方法，本单位财物受到损失。国家工作人员在国内公务活动或者对外交往中接受礼物，依照国家规定应当交公而不交公，数额较大的，以贪污罪论。 （4）贪污的对象是公共财产，它包括：国有财产；劳动群众集体所有的财产；用于扶贫和其他公益事业的社会捐助或者专项基金的财产。在国家机关、国有公司、企业、集体企业和人民团体管理、使用或者运输中的私人财产，以公共财产论。 （5）本罪是故意犯罪，而且必须具有非法占有公共财产的目的。如果由于

续表

贪污罪 ★★★	工作失误而造成账目收支不平，不能以此罪论处。另外非法占有的目的也是本罪与挪用公款罪的区别所在。 （6）与私分国有资产罪的区别。私分必须是经单位集体研究决定，将财物分配给单位的所有成员或者多数人。如果私自分给少数成员，应认定为共同贪污。另外，私分一般采用公开的方式，而贪污一般采用秘密的方式。此外，私分一般会如实做账，而贪污不会做账，即便做账，做的也是假账。企业改制，隐匿财产，领导独吞，构成贪污罪；企业职工利益均沾，构成私分国有资产罪。 （7）行为人与国家工作人员或受委托管理国有财产的人员勾结，伙同贪污的，以共犯论处。 （8）对于在公司、企业或者其他单位中，非国家工作人员与国家工作人员勾结，分别利用各自的职务便利，共同将本单位财物非法占有的，应当尽量区分主从犯，按照主犯的犯罪性质定罪。司法实践中，如果根据案件的实际情况，各共同犯罪人在共同犯罪中的地位、作用相当，难以区分主从犯的，可以以贪污罪定罪处罚。
挪用 公款罪 ★★	（1）本罪的主体是国家工作人员，不包括受委托管理国有财产的人员。本罪是自然人犯罪，不包括单位犯罪。单位挪用的，既不追究单位挪用公款罪的责任，也不能对自然人以挪用公款罪论处。 （2）本罪要利用职务上的便利，挪用公款归个人使用的行为。根据立法解释归个人使用是指：①将公款供本人、亲友或者其他自然人使用的；②以个人名义将公款供其他单位使用的，此处不再区分单位所有制性质，无论是供国有单位还是供非国有单位，都可成立挪用公款罪；③个人决定以单位名义将公款供其他单位使用谋取个人利益的。（本质即追求个人利益） （3）本罪的行为方式有三种不同情况（大致与挪用资金罪的三种情形相同）： （4）挪用特定款物（用于救灾、抢险、防汛、优抚、扶贫、移民、救济款物）归个人使用的，应以挪用公款罪从重处罚。 （5）挪用公款进行非法活动构成其他犯罪，依照数罪并罚的规定处罚。

类　　型	目的要素	数额要素	时间要素
超期未还型	归个人使用	数额较大	超过3个月未还
营利活动型	营利活动	数额较大	无
非法活动型	非法活动	无 （立法无，但司法解释有）	无

续表

挪用公款罪 ★★	（6）挪用公款而索取、收受他人贿赂构成犯罪的，数罪并罚。 （7）挪用公款给他人使用，使用人与挪用人共谋，指使或者参与策划取得挪用款的，以挪用公款罪的共犯定罪处罚。

三十、贿赂犯罪

主观方面都是故意。

受贿罪 ★★★	（1）受贿的本质是权钱交易。 （2）表现为行为人利用职务上的便利，索取他人财物，或者非法收受他人财物，为他人谋取利益的行为（参见下表）。 （3）贿赂犯罪中的"财物"，包括货币、物品和财产性利益。但不包括提升职务、迁移户口、升学就业、提供女色等非物质性利益。 （4）受贿罪与诈骗罪的区别。国家工作人员以为他人谋利为名获取财物，只要请托人所托办之事在其职权范围内，即便他根本不想为请托人办事，也构成受贿罪，而不得以诈骗论处。仅当行为人知道自己根本无法办成托办之事，但仍然收受财物，才可以诈骗罪论处。 （5）关于以赌博形式收受贿赂的认定问题。国家工作人员利用职务上的便利为请托人谋取利益，通过赌博方式收受请托人财物的，构成受贿。 （6）单纯受贿与特殊贪污的区别。收受礼物型的贪污，即《刑法》第394条规定的，国家工作人员在国内公务活动或者对外交往中接受礼物，依照规定应当交公而不交公的，数额较大的行为。 （7）因为受贿而构成其他犯罪，如挪用	行贿罪 ★★	（1）一般主体，自然人。 （2）行贿对象包括国家工作人员（四类自然人）。 （3）表现为行为人实施了给予国家工作人员以数额较大财物的行为，谋取不正当利益（包括实体不正当和程序不正当）。 （4）在经济往来中，违反国家规定，给予国家工作人员或者其他从事公务的人员以回扣、手续费的，以行贿罪论处。 （5）因被勒索给予国家工作人员以财物，没有获得不当利益的，不是行贿。 （6）行贿人在被追诉前主动交待行贿行为的，可以从轻或者减轻处罚。其中，犯罪较轻的，对侦破重大案件起关键作用的，或者有重大立功表现的，可以减轻或者免除处罚。

续表

受贿罪 ★★★	公款、渎职，一般都应数罪并罚，除非法律有特别规定。 (8) 根据《刑法》关于共同犯罪的规定，非国家工作人员与国家工作人员勾结，伙同受贿的，应当以受贿罪的共犯追究刑事责任。 (9)《刑法修正案（九）》增加了终身监禁条款。对犯贪污、受贿罪，被判处死刑缓期执行的，人民法院根据犯罪情节等情况可以同时决定在其死刑缓期执行2年期满依法减为无期徒刑后，终身监禁，不得减刑、假释。	行贿罪 ★★	(7) 因行贿而进行违法活动构成其他犯罪的（如因行贿而进行走私等违法犯罪活动），应分别定罪，实行数罪并罚。
		单位行贿罪	(1) 主体限于单位； (2) 行贿对象：国家机关工作人员（四类自然人）； (3) 表现为单位为谋取不正当利益而给予国家工作人员以财物，或者违反国家规定，给予国家工作人员以回扣、手续费。
利用影响力受贿罪 ★★	(1) 为请托人谋取不正当利益。 (2) 客观上利用他人权力交易，但被利用者主观上没有认识。如果知情，直接以受贿罪的共犯论处。本罪可看成受贿罪的补充罪。 (3) 密切关系可以做扩张解释，只要存在事实上的影响力，就属于密切关系。	对有影响力的人行贿罪	(1) 这是《刑法修正案（九）》增加的罪名，将利用影响力受贿罪的对合犯规定为犯罪； (2) 本罪是为谋取不正当利益，向国家工作人员的近亲属或者其他与该国家工作人员关系密切的人，或者向离职的国家工作人员或者其近亲属以及其他与其关系密切的人行贿的行为； (3) 单位也可构成本罪。

	类型	主动/被动	谋利/不谋利	行为方式
受贿罪的表现	索贿	主动	无需谋利	利用职务便利，以明示或暗示的方式向他人主动索取财物的行为。
	收受贿赂	被动	需谋利（正当或不正当利益皆可）	谋利只要许诺即可，包括明示许诺和默示许诺。	司法解释规定：具有下列情形之一的，应当认定为"为他人谋取利益"：①实际或者承诺为他人谋取利益；②明知他人有具体请托事项；③履职时未被请托，但事后基于该履职事由收受他人财物的。

续表

	类型	主动/被动	谋利/不谋利	行为方式	
受贿罪的表现	单纯受贿	被动	无需谋利	国家工作人员在经济往来中，违反国家规定，收受各种名义的回扣、手续费，归个人所有的行为。	
				非经济往来的单纯受贿：司法解释规定，国家工作人员索取、收受具有上下级关系的下属或者具有行政管理关系的被管理人员的财物价值3万元以上，可能影响职权行使的，视为承诺为他人谋取利益。（推定谋利）	
	斡旋受贿	主动或被动	需谋利（仅限不正当利益）	单位不成立斡旋受贿。	国家工作人员利用本人职权或者地位形成的便利条件通过其他国家工作人员职务上的行为，为请托人谋取不正当利益，索取或者收受请托人财物的，以受贿论处。
					①斡旋人和被斡旋人都属于国家工作人员；②利用本人职权或者地位形成的便利条件（事实职权，而非法律职权，如果利用法律职权属于普通的受贿）；③无论是索贿还是收受财物，都必须是谋取不正当利益。
	事后受贿		主动无需谋利，被动需谋利（正当或不正当皆可）	司法解释规定，履职时未被请托，但事后基于该履职事由收受他人财物的。	国家工作人员在离退休之前需与请托人约定，在离退休后收受财物。如果国家工作人员利用职务上的便利为请托人谋取利益，离职前后连续收受请托人财物的，离职前后收受部分均应计入受贿数额。

专题一 案例分析题的解题思路

　　刑法案例的考查方式有两种，一种是笼统式考查，即"根据所学刑法知识，全面分析此案"。很多考生对此往往非常头疼，因为一不留神，就可能漏答或少答。经常出现的情况是，什么知识都懂，感觉考得也不错，但最后却发现得分非常之低。另一种是列举式考查，即设计小问题，让学生根据问题有针对性地回答。相比较而言，笼统式考查的难度要大于列举式考查，但是在列举式考查中，最近几年有一种现象，就是加入开放性的观点展示类试题，导致难度加大。

一、笼统式考查的对策及模板

　　刑法的体系性是所有部门法中最严密的，这种体系性很容易帮助大家找出问题所在。如果连案例中的问题都找不出来，那么刑法基本等于白学。一名合格的刑事司法工作者必须对刑法有一个完整的体系性认识。因此，应对案例分析题的关键就在于树立刑法的体系性思维。

　　何谓刑法体系性思维？简而言之，就是要在脑海中牢牢树立"罪-责-刑"的观念，分析任何案例，都应该从这三个角度着手。

罪，即犯罪论。它包括构成要件[1]、违法阻却事由、责任阻却事由、未完成罪、共同犯罪、罪数理论。犯罪构成要件中又有基本犯罪构成要件、加重犯罪构成要件，其作用在于判断罪与非罪、此罪与彼罪、重罪与轻罪。排除犯罪性事由在主观卷的案例分析题中只可能出现正当防卫和紧急避险。未完成罪就是预备、未遂、中止之类的问题。共同犯罪内容就比较庞杂，案例分析题一般倾向于共犯分类、实行过限、共犯与身份、共犯与形态等知识点。罪数理论是帮助考生确定应定一罪，还是数罪，此时还要注意记住法律或司法解释中的特别规定。

责，即刑事责任，如减轻、免除、从重处罚等。这往往是多数考生所忽视的。比如好不容易判断出属于犯罪中止，但居然忘了写对中止应当如何处罚，结果失分。这就很可惜，并非不知道知识点，而是根本没想过要把这个点写进答案。

刑，即刑罚论，它包括累犯、自首、立功、假释、追诉时效等的认定。一般说来，具体犯罪的刑罚不会考查，但是至少要知道某些特别重要的罪名的加重情节，比如像抢劫、强奸等犯罪，因为这与犯罪论是相关的，要借助刑罚知识来判断是否存在加重犯罪构成。

值得一提的是，在适用罪-责-刑这种体系的时候，还是注意体系适用的前提，这主要是关于刑法的空间效力和时间效力的问题。

下面，我们利用这个体系性思维来分析一下2004年的真题。

[案情] 甲男与乙男于2004年7月28日共谋入室抢劫某中学暑假留守女教师丙的财物。7月30日晚，乙在该中学校园外望风，甲翻院墙进入校园内。甲持水果刀闯入丙居住的房间后，发现房间内除有简易书桌、单人床、炊具、餐具外，没有其他贵重财物，便以水果刀相威胁，喝令丙摘下手表（价值2100元）给自己。丙一边摘手表一边说："我是老师，不能没有手表。你拿走其他东西都可以，只要不抢走我的手表就行。"甲立即将刀装入自己的口袋，然后对丙说："好吧，我不抢你的手表，也不拿走其他东西，让我看看你脱光衣服的样子我就走。"丙不同意，甲又以刀相威

---

[1] 无论采取犯罪构成四要件，还是三阶层都可以。

胁，逼迫丙脱光衣服，丙一边顺手将已摘下的手表放在桌子上，一边流着泪脱完衣服。甲不顾丙的反抗强行摸了丙的乳房后对丙说："好吧，你可以穿上衣服了。"在丙背对着甲穿衣服时，甲乘机将丙放在桌上的手表拿走。甲逃出校园后与乙碰头，乙问抢了什么东西，甲说就抢了一只手表。甲将手表交给乙出卖，乙以 1000 元的价格卖给他人后，甲与乙各分得 500 元。

问题：请根据刑法规定与刑法原理，对本案进行全面分析。

🔳 解题思路

对于本题，因为涉及共同犯罪，所以应该将甲乙分开分析，然后再进行综合分析。

分析思路如下：

（一）分清前提：刑法的空间效力和时间效力

在当年的考题中，并不涉及这个知识点。但是如果此案在 2015 年 11 月 1 日案发，则可能涉及《刑法修正案（九）》的适用问题，由于《刑法修正案（九）》将强制猥亵、侮辱妇女罪修改为强制猥亵、侮辱罪，比较新旧两法，在被害人是女性的情况下，新旧两法的处罚是一样的，根据从旧兼从轻原则，就只能适用旧法的规定，而不能适用新法。所以罪名应该是强制猥亵、侮辱妇女罪，而非强制猥亵、侮辱罪。

（二）搞清罪责刑

1. 甲的罪责刑

［第 1 步］罪

（1）构成要件

❶基本犯罪构成：甲成立抢劫罪，强制猥亵、侮辱妇女罪，盗窃罪，掩饰犯罪所得罪；

❷加重犯罪构成：抢劫罪存在入户情节，属于入户抢劫，应当适用加重法定刑。

（2）违法阻却事由：不存在。

（3）责任阻却事由：不存在。

（4）未完成罪：甲的抢劫行为属于犯罪中止。

（5）共同犯罪：甲与乙成立抢劫罪的共同犯罪。其中甲是主犯，不涉及共犯与身份、共犯与形态问题。

（6）罪数理论：掩饰犯罪所得罪属于盗窃罪中的不可罚之事后行为，不再另定。甲应当以抢劫罪，强制猥亵、侮辱妇女罪和盗窃罪数罪并罚。

［第2步］责

甲成立抢劫罪的犯罪中止，由于没有造成任何损害，所以，对于甲的抢劫中止，应当免除处罚。

［第3步］刑

甲的抢劫属于入户抢劫，本应在加重刑罚中处刑，但由于他成立犯罪中止，故无需考虑。

2. 乙的罪责刑

［第1步］罪

（1）构成要件

❶ 基本犯罪构成：乙成立抢劫罪、掩饰犯罪所得罪；

❷ 加重犯罪构成：抢劫罪存在入户情节，属于入户抢劫，应当适用加重法定刑。

（2）违法阻却事由：不存在。

（3）责任阻却事由：不存在。

（4）未完成罪：甲成立抢劫中止，这对乙而言是一种意志以外的原因，故乙成立抢劫罪的未遂。

（5）共同犯罪：①乙与甲成立抢劫罪的共同犯罪。其中乙是从犯。②另外，甲所实施的强制猥亵、侮辱妇女罪和盗窃罪对于乙而言，属于实行过限，超出了共同犯罪故意，乙对此不承担责任。③乙的行为还涉及共犯与形态问题，甲为抢劫罪的中止，乙为抢劫罪的未遂。

（6）罪数理论：乙并不知道手表是甲单独盗窃所得，从其主观来看，其销赃行为属于掩饰抢劫犯罪所得之行为，这属于抢劫罪中的不可罚之事后行为，不再另定掩饰犯罪所得罪。乙应当以抢劫罪一罪论处。

［第2步］责

乙成立抢劫罪的犯罪未遂，可以比照既遂犯从轻或者减轻处罚。乙为从犯，对于从犯应当从轻、减轻或者免除处罚。

［第3步］刑

乙的抢劫属于入户抢劫，应在加重刑罚中处刑，故属于情节加重犯的未遂，应当在加重刑罚幅度内可以从轻或减轻处罚。

（三）综合应答

有了前两步的分析，剩下的就是写答案了。这时主要是做到条理清晰，一般不要引用具体法律条文，只要笼统说根据相关规定即可。

1. 甲、乙构成抢劫罪共犯。甲、乙的抢劫属于入户抢劫。甲为主犯，乙为从犯，对于从犯，应当从轻、减轻或者免除处罚。

2. 甲的抢劫属于犯罪中止。由于抢劫中止行为没有造成损害后果，故应当免除处罚。

3. 乙的抢劫属于犯罪未遂。对于未遂犯乙，可以比照既遂犯从轻或者减轻处罚。因为乙属于入户抢劫的未遂，可以在加重刑幅度内从轻或减轻处罚。

4. 甲逼迫丙脱光衣服并猥亵丙的行为，成立强制猥亵、侮辱妇女罪。

5. 甲乘机拿走丙手表的行为，成立盗窃罪。

6. 乙的行为不成立盗窃罪，也不成立强制猥亵、侮辱妇女罪的共犯。

7. 甲指示乙销售赃物的行为属于盗窃罪的不可罚之事后行为，不构成掩饰犯罪所得罪。另外，乙将手表卖与他人的行为也不成立掩饰犯罪所得罪，因为他主观上并不知道此表是甲单独盗窃所得，他误认为系共同实施的抢劫所得，故此销赃行为是抢劫罪的不可罚之事后行为，不再另行定罪。

二、列举式考查的对策和模板

对于列举式考查的试题，主要注意两个方面的问题：

首先，在分析任何问题的时候，都要采取"性质和后果"这种全面的分析方式，在回答了该问题所涉及的法律性质之后，就要紧接着回答它的法律后果。比如，将某题认定为自首，就要紧接着回答自首的法律后果（可以从轻或减轻处罚，情节较轻的，可以免除处罚）。再如，如果某题的答案是入户抢劫，就应该连带写上在加重量刑幅度内量刑。

其次，如果题目中特别说明，关于某个问题有多种观点，那这就是一种开放性展示性试题，考生可以根据自己所了解的学术观点进行作答。但如果题目中没有特别说明，则一般只要根据通说作答即可。

（一）性质和后果

这主要是要记住总则中一些常见的法定量刑情节，虽说在主观题考试时可以携带法条，但记在脑海中，总比临时翻法条要节约时间。当然，如果实在记不清楚，又没有时间翻阅法条，就可以使用笼统的表述方式，如可以从宽处理。如若连可以或应当也记不清楚，就可以写成"要从宽处理"。

关于刑罚，一般不要写具体的刑罚幅度，如果是加重犯，就写在加重量刑幅度内量刑即可。

以下以表格形式将比较重要的量刑规则总结如下：

量刑规则	量刑情节	备 注
应当从轻或减轻处罚	已满14周岁不满18周岁的人犯罪的；已满75周岁的人过失犯罪的。	一老一小。
应当减轻或免除处罚	防卫过当；避险过当；胁从犯；中止。	对于中止犯，没有造成损害的，应当免除处罚；造成损害的，应当减轻处罚。
可以从轻、减轻或免除处罚	盲人、又聋又哑的人犯罪；预备犯；自首。	对于自首的犯罪分子，可以从轻或者减轻处罚。其中，犯罪较轻的，可以免除处罚。
应当从轻、减轻或免除处罚	从犯。	无需比照主犯。
可以从轻或减轻处罚	一般立功；教唆未遂；尚未完全丧失辨认或者控制自己行为能力的精神病人犯罪的；未遂犯可以比照既遂犯从轻、减轻处罚；已满75周岁的人故意犯罪的；坦白。	如实供述自己罪行的，可以从轻处罚；因其如实供述自己罪行，避免特别严重后果发生的，可以减轻处罚。
可以减轻或免除处罚	重大立功；在国外犯罪，已在外国受过刑罚处罚的。	后者是可以免除或者减轻处罚。
应当从重处罚	累犯；教唆不满18周岁的人犯罪的。	

（二）重要学说观点

最近几年，鉴于刑法学理论的发展，在案例分析题中经常要求考生对于一些重要的理论问题在掌握通说的前提下了解多种学说。本书在相应的知识点上对此有过详细的介绍，此处再简单列举一下，读者可以参考相应的章节。

首先要掌握通说，如果没有通说，那就都要掌握。

1. 事前故意

- 相当因果关系说（通说）
- 区分评价说

[例] 甲杀害乙后将乙扔入湖中，乙被扔入湖中后溺毙。按照通说成立故意杀人罪既遂，但按照区分说成立故意杀人罪的未遂和过失致人死亡罪。

[拓展考点1] 假想防卫中的事前故意

甲以为李四攻击自己，误将李四杀"死"，李四昏迷，甲非常害怕，将"尸体"扔入河中，李四溺毙。在构成要件中成立故意杀人罪，事前故意按照通说不影响故意的成立，但在责任论中，出现假想防卫事由，排除故意，故只成立过失致人死亡罪。

如果按照区分评价说，则在构成要件中成立故意杀人罪未遂和过失致人死亡罪，由于假想防卫导致前段故意杀人罪未遂中的故意被排除，前段过失致人死亡不惩罚未遂。故只成立后段的过失致人死亡罪。

[拓展考点2] 结果加重犯中的事前故意

甲在绑架过程中杀害王五，然后将"尸体"扔入河中，王五被查明系溺水而亡，按照通说，甲成立绑架罪的加重犯（绑架中故意杀害被绑架人）。但按照区分评价说，则成立绑架罪、故意杀人罪的未遂以及过失致人死亡罪。

[拓展考点3] 正当防卫中的事前故意

甲遭遇乙暴力强奸，拼命反抗将乙打倒在地，甲以为乙死亡，非常害怕，将乙掩埋。后查明乙系窒息而亡。按照通说，甲在构成要件阶段整体性评价为故意杀人，但在违法阻却阶段由于正当防卫，故意杀人的构成要件被整体排除，所以甲不构成犯罪，属于正当防卫。但如果按照区分评价说，甲在构成要件阶段要评价为故意杀人的未遂和过失致人死亡两个构成要件，正当防卫作为违法阻却只能排除故意杀人未遂，但无法排除过失致人死亡，故甲成立过失致人死亡。

2. 构成要件的提前实现

甲欲杀乙，给乙投放安眠药，趁其"昏迷"将其扔入河中。但乙死于安眠药中毒。

- 通说成立故意杀人罪的既遂
- 如果认为投放安眠药并无足以致死的危险，则成立过失致人死亡罪和故意杀人罪的未遂（不能犯）

3. 认识错误

- 法定符合说（通说）
- 具体符合说

[说明] 对于具体的事实认识错误，在学说上，一直存在具体符合说与法定符合说的争论。具体符合说认为，只要行为人主观所认识的犯罪事实和客观发生的犯罪事实不具体一致，那么对于实际发生的犯罪事实，就不成立故意。法定符合说认为，行为人所认识到的犯罪事实和现实发生的犯罪事实在构成要件上一致的话，就成立故意。

[拓展考点1] 正当防卫中的打击错误1

在正当防卫过程中，如果出现打击错误，导致不法侵害人以外的第三人伤亡，该如何处理？在刑法理论中也有很大争议。大致有三种观点：①成立正当防卫；②成立假想防卫；③成立紧急避险。

第一、二种观点遵循的是法定符合说的立场。

法定符合说认为，不同的具体人在人的本质上可以等价，因此，不法侵害人与第三人之间在价值上具有等同性，既然对不法侵害人的攻击进行防卫成立正当防卫，那么由于打击错误对第三人进行防卫也可成立正当防卫。（攻击好人等同于攻击坏人，"正对不正"，自然是正当防卫，此乃第一种观点）

另外，法定符合说认为对象错误与打击错误的处理结论是一致的，如果防卫人出现对象错误，误认为第三者是不法侵害人而进行所谓防卫的，属于假想防卫，那么根据法定符合说，在打击错误的情况下，也宜认定为假想防卫。（法定符合说不区分打击错误和对象错误，所以把打击错误等同于对象错误，也即误以为好人为坏人，自然系假想防卫）

如果采取具体符合说的立场，人身专属法益不能等价，只有非人身专属的法益才可以等价。那么，第三种观点是恰当的。防卫人的行为并非针对不法侵害人的侵犯，而是对与此无关的第三人的攻击，这完全符合紧急避险的条件。（具体符合说认为好人和坏人是不同的人，所以行为人在攻击好人，属于"正对正"，故为紧急避险）

[拓展考点 2] 正当防卫中的打击错误 2

甲、乙盗窃，乙攻击主人，主人朝乙扔石头，误把甲砸成重伤，但主人并不知道甲在偷东西。

法定符合说采取抽象防卫说，主观上想打坏人客观上也打了坏人，所以是正当防卫。

具体符合说采取具体防卫说，主观上想打乙，但客观上打了甲，但甲客观上也是坏人，所以是偶然防卫。

[拓展考点 3] 教唆中的打击错误

甲教唆乙杀人，乙产生对象错误，将丙杀害。甲是打击错误，甲对丙按照法定符合说成立故意杀人罪教唆既遂，按照具体符合说成立故意杀人罪教唆未遂。

甲教唆乙杀丙，乙产生打击错误，没有打中丙，却误杀了丁。甲依然是打击错误。按照法定符合说，甲成立教唆既遂；但按照具体符合说，甲对丙成立故意杀人罪教唆未遂，但对丁不成立犯罪，因为过失犯罪没有教唆犯。

[拓展考点 4] 间接正犯与片面共犯的区别

甲在乙骑摩托车必经的偏僻路段精心设置路障，欲让乙摔死。丙得知甲的杀人计划后，诱骗仇人丁骑车经过该路段，丁果真摔死。

甲是对象错误。但按照法定符合说，丙在帮助甲杀害抽象的人，丙属于片面帮助犯。但按照具体符合说，甲想杀具体的人，丙在利用甲杀害丁，所以是间接正犯，则两人不成立共同犯罪。

[提醒] 注意片面实行犯和片面教唆犯的处理，通说认为可以降格为片面帮助犯。但肯定说认为片面实行犯和片面教唆犯就是实行犯和教唆犯，否定说则认为成立间接正犯。

4. 教唆未遂

● 教唆独立说

● 教唆从属说

[说明]《刑法》第 29 条第 2 款规定，如果被教唆人没有犯被教唆之罪，对于教唆犯可以从轻或者减轻处罚。这种情况属于教唆未遂。

对于教唆未遂的处理，刑法理论有两种观点：①教唆从属说。非实行犯（教唆犯、帮助犯）必须从属于实行犯，只有实行犯进入实行阶段（着手后），对于非实行犯才可以进行处罚。②教唆独立说。教唆犯是共犯从属说的例外，具有独立性，只要行为人实施教唆行为，被教唆者未达到所教唆罪的既遂，一律认定为教唆未遂，也即教唆本身没有成功。我国传统的观点采教唆独立说。例如：a. 张三教唆李四杀人，但李四在预备阶段中止犯罪；b. 张三教唆李四杀人，但李四拒绝；c. 张三教唆李四杀人，但李四却实施了盗窃。按照这种观点，张三均成立教唆未遂。但按照教唆从属说，张三不构成犯罪。

上述两种观点都认为：①甲教唆乙杀人，乙着手实行犯罪，但最终未达既遂，可以适用教唆未遂的从宽条款；②甲教唆乙实施 A 罪，但乙实施了 B 罪，如果 AB 有重合部分，甲可以在重合部分成立教唆既遂。

[拓展考点1] 共谋杀夫案

如果王男、周女共谋杀夫，周女自己买来毒药后，左思右想后放弃，周女成立预备阶段的中止，王男成立犯罪预备。阶段具有一致性。

[拓展考点2] 教唆杀夫案

如果王男教唆周女杀夫，周女自己买来毒药后，左思右想后放弃，周女成立预备阶段的中止，王男按照教唆从属说不构成犯罪，按照教唆独立说构成故意杀人罪的教唆未遂。

[拓展考点3] 犯意转化

王某教唆李四杀丙，李四在杀丙时和张三发生口角，将张三杀害。李四属于犯意转化，成立对丙的故意杀人预备和对张三的故意杀人既遂。王某的教唆失败，无论如何不构成教唆既遂。根据教唆独立说和教唆从属说结论不同。

[拓展考点4] 非实行行为的实行化

甲卖迷奸药品，传授乙下药技术，乙对某女下药后因害怕将药倒掉。乙构成强奸罪的犯罪中止（预备阶段）。甲构成传授犯罪方法罪的既遂，同时构成强奸罪的教唆未遂（教唆独立说），从一重罪。但按照教唆从属说，不构成强奸罪，只构成传授犯罪方法罪。

5. 不能犯

● 抽象危险说（传统观点）

- 具体危险说（当前通说）
- 客观危险说

[说明] 抽象的危险说。该说以行为人认识的情况为基础，然后根据社会上一般人的认识来判断，如果行为人认识的情况是真实的，是否对法秩序有侵犯的危险。如果一般人认为行为人的行为有可能实现犯罪意图的，就成立未遂犯（相对不能犯）；反之，没有可能实现犯罪的，就成立不可罚的不能犯（绝对不能犯）。

具体的危险说。它以行为人认识的情况为基础，根据行为时社会上一般人认识来判断是否有侵犯法秩序的危险。有危险的，成立未遂犯（相对不能犯）；无危险的，成立不可罚的不能犯（绝对不能犯）。

客观的危险说。该说的宗旨主要是在行为发生后，也即事后再通过科学的因果法则，由社会上一般人针对当时的情况，去客观评价行为人的行为是否具有法益侵害的危险性。有危险性的，成立未遂犯（相对不能犯）；无危险性的，就成立不可罚的不能犯（绝对不能犯）。

6. 杀人免债

- 故意杀人罪（通说）
- 抢劫罪

[说明] 对于杀人免债行为应当如何处理，有一定的争议。

首先，债务人抢劫欠条的，可以直接构成抢劫罪，这没有争议。

其次，如果直接将债权人杀死，以期免除其债务的，通说认为，这构成故意杀人罪。当然，对他人财物有拒不归还行为的，还同时构成侵占罪，侵占是亲告罪。

但另一种观点认为杀人免债属于抢劫财产性利益，构成抢劫罪，可以没收财产。

7. 抢夺与盗窃的区别

- 公然和秘密区分说
- 暴力和平和区分说

[说明] 传统的观点认为盗窃罪与抢夺罪的区别在于，前者是秘密窃取，后者是公然夺取。因此，当张三见李四摔伤在地，当其面将财物取

走，此行为构成抢夺罪，而非盗窃罪。但现在有一种有力的见解认为，盗窃罪与抢夺罪的区别并非秘密性对公然性，而是平和性对暴力性，盗窃罪是平和型犯罪，但抢夺罪是一种对物的暴力性犯罪，在间接上有致人伤亡的危险，按照这种观点，前案则应以盗窃罪论处。

8. **财产犯罪的加重刑罚**

● **构成要件说（通说）**

● **量刑条件说**

[说明] 在数额犯中，行为人同时有既遂部分和未遂部分，通说认为，数额犯是构成要件，因此犯罪既遂部分与未遂部分分别对应不同法定刑幅度的，应当先决定对未遂部分是否减轻处罚，确定未遂部分对应的法定刑幅度，再与既遂部分对应的法定刑幅度进行比较，选择适用处罚较重的法定刑幅度，并酌情从重处罚；二者在同一量刑幅度的，以犯罪既遂酌情从重处罚。

另一种观点认为，数额特别巨大不是加重犯罪构成，而是量刑规则。因此，只要客观上没有达到数额巨大，就不得适用数额巨大的法定刑。所以，只能按照数额较大型的犯罪论处，即用基本犯罪构成之刑罚选择法定刑，未遂事实作为量刑情节对待。这在 2016 年卷四作为观点展示类试题考查过。

9. **死者占有**

● **肯定说**

● **否定说**

● **区分说（通说）**

[说明] 人死亡后，是否还存在对财物的占有权？这有肯定说和否定说两种观点。我国的通说是区分说，一般认为，对于死者生前的财物，在其死后的短时间内，在社会一般观念看来，认为死者对财物仍有占有权，是可以接受的。因此，《两抢意见》指出，实施故意杀人犯罪行为之后，临时起意拿走他人财物的，应以此前所实施的其他犯罪与盗窃罪实施数罪并罚。然而，如果死者死亡时间较长，一般可否定死者的占有。

[拓展考点 1] 抢劫杀人取得信用卡并使用

这无需再区分死者占有，直接评价为抢劫罪。

[拓展考点2] 抢劫杀人取得手机使用手机银行

这也无需区分死者占有，直接构成抢劫罪。

10. 财产损失

- 法律损失说
- 事实损失说

[说明] 前者认为无权处分是无效的，故财物的买受人遭受了财物损失，对买受人构成诈骗罪，后者认为无权处分是有效的，故财物的买受人没有遭受财物损失，对买受人不构成诈骗罪。

同时，法律损失说认为，当被害人必须在民法上对财物有返还请求权，才能认定存在财产损失，所以盗窃犯罪人分赃不均，按照法律损失说不构成侵占。但按照事实损失说，构成侵占罪。

11. 诈骗中的处分意思

- 抽象处分说
- 具体处分说

抽象处分说认为处分者只需对财产的属性有抽象的认识即可，而具体处分说认为处分者必须对财产性质、种类、数量、价值有具体的认识。比如，甲在商场购物时，在方便面箱子中装上照相机，最后以买方便面的钱获得了照相机。在此案中，无论是按照抽象处分说，还是具体处分说，被害人都无处分意图，都应以盗窃罪论处，这没有争议。

但如果甲在商场购物时，在一个照相机的盒子中装入两个照相机，用购买一台照相机的价钱买了两台照相机，按照抽象处分说，被害人知道自己在处分照相机，具备处分意图，这仍然属于诈骗；按照具体处分说，被害人由于缺乏对财物具体数量的认识，故无处分意图，甲的行为构成盗窃罪，而非诈骗罪。

12. 偶然防卫的处理

- 防卫意识必要说
- 防卫意识不要说

前者认为成立正当防卫需要具备防卫意识，故偶然防卫不是正当防卫。但后者认为成立正当防卫无需防卫意识，故偶然防卫属于正当防卫。

专题二　论述题的解题思路

　　对于刑法学的论述题，一般可以采取实然和应然两个层次的写作方法。实然层面就是现行法律如何规定，应然层面就是法律本应该如何规定。对于大部分考生而言，只要讨论实然层面即可。无论在实然层面，还是应然层面，都可以分别采取提出问题、分析问题、解决问题的写作步骤。

一、实然层面（现行法律对某个问题是如何处理的）

　　1. 提出问题，也即从给定的材料中引申出要讨论的问题，考生可以自问自答，从材料中追问是什么？（What）为什么？（Why）

　　2. 分析问题，对于材料中的问题用刑法的相关理论详细分析。

　　在刑法学的论述题中，最重要的分析工具是刑法的双重机能（保障机能和保护机能）、罪刑法定原则（允许扩张、禁止类推）和刑罚目的（一般预防和特殊预防）。考生可以千方百计地用这些分析工具来分析问题。

　　在分析问题的时候，可以适当引用一些名人警句，但一般不要引用政治性术语。

　　一些常见的名言警句如下：

　　　　刑法不仅要面对犯罪人以保护国家，也要面对国家保护犯罪人，不单面对犯罪人，也要面对检察官保护市民，成为公民反对司法专横和错误的大宪章。　　　　　　　　　　——［德］拉德布鲁赫

　　　　权力导致腐败，绝对权力导致绝对腐败。——［英］阿克顿勋爵

　　　　当衣服出现皱褶时，司法机关可以用熨斗熨平，但是当衣服出现漏洞时，织补工作则是立法机关的事情。　　　——［英］丹宁勋爵

　　　　自由不是无限制的自由，自由是一种能做法律许可的任何事的权力。真正的自由只能是法律下的自由。

　　一切有权力的人都容易滥用权力，这是亘古不变的经验。防止滥用权力的方法，就是以权力约束权力。

　　如果司法权同行政权合二为一，法官便将握有压迫者的力量。

　　法律的制定是为了惩罚人类的凶恶悖谬，所以法律本身必须最为纯洁无垢。

—— ［法］孟德斯鸠

　　3. 解决问题，也即对于这个问题在司法层面上有什么好的解决办法（How），比如出台相应的司法解释。[1]

二、应然层面（法律本应该如何规定）

　　1. 提出问题，也即对上述问题是否应该规定新的法律，是否需要修改现行的法律，是否需要废除某种法律（法律的立、改、废）。

　　2. 分析问题，用刑法的相关理论来分析法律为什么需要立、改、废。一般说来，可以使用功利主义的分析方法。如法益侵犯理论（例如某个行为具有严重的社会危害性，应当规定新的罪名），利弊分析法（比如增加一个新的罪名虽然会增加执法成本，但利大于弊；或者增加一个罪名不具有操作性，会导致选择性执法，会引发司法腐败，弊大于利等）。

　　3. 解决问题，比如说全国人大常委会可以在合适的时候通过新的修正案，增加、删除或修改某个条款。

三、实战演习与填空 AB 模板

（一）模板 A：罪刑法定和刑法机能模板

　　材料一：律师长期请某法官嫖娼，经查花费嫖资数十万元。

　　材料二：张三给某领导送会所消费卡，卡面值 10 万，可以去会所进行性消费。

　　材料三：张女为当处长向某领导"主动献身"，后张女如愿以偿当上处长。

---

　　〔1〕　司法解释只是对现行法律的解释，不能超越法律。如果对某个问题的处理需要涉及法律的立改废，这显然属于应然层面，而非实然层面的解决办法。

问题：

请根据罪刑法定原则，评析上述材料。

答题要求：

1. 在综合分析基础上，提出观点并运用法学知识阐述理由；

2. 观点明确，论证充分，逻辑严谨，文字通顺；

3. 不少于500字，不必重复案情。

▶ 参考范文

（性贿赂），该当何罪？

当前，（性贿赂）已经成为一个突出的社会问题，刑法应当有所作为。

那么，根据现行刑法，（性贿赂）该如何处理呢？［★实然层面，提出问题］

一般说来，（性贿赂）可以分为（两）种情况。一种是（具有金钱对价关系，在材料一和材料二中，无论是请人嫖娼，还是送领导会员卡，都可以直接体现为财产利益，这是典型的权钱交易），当然可以（贿赂）犯罪论处，（接受性贿赂的构成受贿罪，提供性贿赂的，则可能成立行贿罪）。［★分析问题，现行法律如何处理］

还有一种情况则是（像材料三）所表明的，（不具有金钱对价关系，而是纯粹的权性交易）。对此情况，是否构成（贿赂）犯罪，就涉及对罪刑法定原则的理解。［★千方百计，引出罪刑法定原则］

法无明文规定不为罪，法无明文规定不处罚，这是法治国家最重要的刑法原则。罪刑法定原则的本质在于限制国家的刑罚权，防止刑罚权的滥用。权力导致腐败，绝对权力导致绝对腐败，所有的权力都有天然扩张的倾向，因此必须进行严格的约束。一如孟德斯鸠所言："一切有权力的人都容易滥用权力，这是亘古不变的经验。防止滥用权力的方法，就是以权力约束权力。"［★简洁地阐明罪刑法定的基本内涵和精神，引用名人名言］

罪刑法定原则允许扩张解释，但却禁止类推解释，这正是立法权对司法权的约束。类推不是解释法律，而是创造规则，它不是司法行为，而是立法行为。如果司法机关可以类推，那么它就拥有了立法权，当立法权和司法权合二为一，独裁就不可避免，自由就荡然无存。

（贿赂犯罪中的"贿赂"必须是一种财产），如果将（纯粹的"性"）解释为（"贿赂"），显然就超越了（"贿赂"）这个词语的极限，这已经不再是一种扩张解释，而是类推解释，显然是罪刑法定原则所不允许的。[★还可以引用丹宁勋爵关于衣服皱褶的比喻]

如果突破罪刑法定原则，将（"性"）类推为（"贿赂"），虽然可以有效地实现对（性贿赂）的打击，但却埋下了一个巨大的隐患——如果刑罚权不接受罪刑法定原则的约束，那么任何公民都有可能随时受到刑罚权的肆虐。"欲加之罪、何患无辞"是我们这个民族用无数的鲜血所换来的惨痛教训。[★罪刑法定原则的老套路，允许扩张、禁止类推，立法对司法的限制]

在现代社会，刑法不再是刀把子，而是双刃剑，刑法既要惩罚犯罪，也要保障人权。[★罪刑法定一般都可以引出刑法的双重机能]——如德国法学家拉德布鲁赫所言："刑法不仅要面对犯罪人以保护国家，也要面对国家保护犯罪人，不单面对犯罪人，也要面对检察官保护市民，成为公民反对司法专横和错误的大宪章。"总之，刑罚权必须受到罪刑法定原则最严格的约束，在法无明文规定的情况下，即便行为的危害性再大，也不能突破法律，滥用刑罚。

总之，对于（性贿赂案件，如果性直接体现为金钱对价），这可以（贿赂犯罪）论处，但是如果（性无法体现为金钱对价，单纯的权性交易）在现行法律背景下是无法以犯罪论处的。对此，最高人民法院可以通过司法解释或者指导案件来明确这个立场。[★解决问题，最高司法机关出台司法解释或指导案例]

然而，值得研究的是，法律是否应该将（性贿赂）规定为一种新的犯罪呢？[应然层面，一般不用写]

显然，（性贿赂）具有严重的社会危害性，不仅腐蚀了社会伦理道德，也严重动摇了公众对公职的信赖，因此有必要运用刑罚加以制裁。在时机成熟时，全国人大常委会应该通过修正案的形式对于纯粹的（权性交易）作出相应立法规定。

（二）模板B：刑罚目的

材料一：《刑法修正案（九）》规定了"职业禁止"，即在《刑法》第37条后增加一条，作为第37条之一第1款："因利用职业便利实施犯罪，或者实施违背职业要求的特定义务的犯罪被判处刑罚的，人民法院可以根据犯罪情况和预防再犯罪的需要，禁止其自刑罚执行完毕之日或者假释之日起从事相关职业，期限为3年至5年。"

材料二：杭州市富阳区检察院提起公诉的教师胡某某猥亵儿童案日前一审宣判，被告人胡某某因犯猥亵儿童罪，被判决有期徒刑1年半。在该案判决中，法院还同时判令胡某某自刑罚执行完毕之日起，3年内禁止从事教育类职业。

问题：

请从刑罚目的的角度，评析上述材料。

答题要求：

1. 在综合分析基础上，提出观点并运用法学知识阐述理由；

2. 观点明确，论证充分，逻辑严谨，文字通顺；

3. 不少于500字，不必重复案情。

📑 **参考范文**

（《刑法修正案（九）》规定了"职业禁止"条款），这个规定符合我国有关刑罚目的的基本理论。[★实然层面，提出问题]

刑罚既要起到一般预防的作用，又要实现特殊预防的作用。一般预防的对象是犯罪人以外的普罗大众。刑罚通过对罪犯的惩罚，约束公众的行为，使他们不敢铤而走险。

特殊预防针对的是犯罪人本人，防止他们将来再次犯罪。特殊预防至少可以在三个方面得到实现：首先是让罪犯身陷深牢大狱，把他们与社会隔离开来，不致再危害社会；其次，罪犯曾受的刑罚痛苦也提醒他们出狱之后要奉公守法，否则必将再次身陷囹圄，痛苦不堪；最后就是矫正刑，它强调对罪犯的教育改造，通过刑罚让他们洗心革面，重新做人。[★分析问题，什么是一般预防和特殊预防]

（在材料二中，对教师胡某某猥亵儿童适用有关"职业禁止"条款），这体现一般预防的作用，不仅威慑潜在的犯罪分子，也让社会公众不断树立对刑法规范的尊重，防止（猥亵儿童）等恶性案件的出现。[★援引材料，继续分析]

另外，（对胡某某使用职业禁止）也是特殊预防的需要，一方面对其（适用职业禁止，判令他自刑罚执行完毕之日起，3 年内禁止从事教育类职业)，可以防止其再次犯罪，危害社会；另一方面面对这种惩罚，也可以让(胡某某意识)到他所犯罪行的严重性，让其真正地幡然悔悟。[★援引材料，继续分析]

刑罚既要威慑普罗大众，实现一般预防的作用，又要剥夺犯罪人的再犯能力，将其改造成守法公民。("职业禁止"条款)可以比较好地实现一般预防和特殊预防两种目的的有机融合。[★总结全文，回应主题][1]

[注意]　各位可以根据考题要求，将内容填在括号中。

四、司法考试真题

(一)2006 年卷四第六题

某民法典第 1 条规定："民事活动，法律有规定的，依照法律；法律没有规定的，依照习惯；没有习惯的，依照法理。"

问题：

1. 比较该条规定与刑法中"法无明文规定不为罪"原则的区别及理论基础；

2. 从法的渊源的角度分析该条规定的含义及效力根据；

3. 从法律解释与法律推理的角度分析该条规定在法律适用上的价值与条件。

答题要求：

1. 在上述 3 个问题中任选其一作答，或者自行选择其他角度作答；

2. 在分析、比较、评价的基础上，提出观点并运用法学知识阐述理由；

3. 观点明确，论证充分，逻辑严谨，文字通顺；

4. 不少于 600 字。

---

〔1〕　有关刑罚目的的试题，考生一般无需进行应然层面的写作。

▶ 参考范文

民法的扩张与刑法的克制

某民法典第 1 条规定："民事活动，法律有规定的，依照法律；法律没有规定的，依照习惯；没有习惯的，依照法理。"与民法的扩张形成鲜明对比的是刑法的克制。"法无明文规定不为罪"，在法律没有规定的情况下，司法机关绝对不能按照习惯或者法理将一种行为规定为犯罪。

之所以会有这样的区别，主要有两个原因：

首先，刑法是最严厉的法律，轻则剥夺人的财产，重则剥夺人的自由甚至生命。因此，司法机关对于刑罚权要保持足够的克制，不到万不得已，不应轻易动用刑罚。权力导致腐败，绝对权力导致绝对腐败，所有的权力天然都有扩张的倾向，无法仅靠自身保持克制。因此对于刑罚权这种最可怕的权力一定要保持最严格的约束。"法无明文规定不为罪，法无明文规定不处罚"，刑罚权必须套上法治的镣铐，才能防止它的滥用。如果司法机关仅凭习惯或者法理就可以对法律没有规定的行为施加刑罚，那么公民的自由也就岌岌可危。每一个守法公民都有可能成为刑罚权滥用的对象。"欲加之罪，何患无辞"是我们这个民族用无数的鲜血所换来的教训。

其次，刑法涉及国家与犯罪人这两方面的主体。二者之间，国家处于绝对的强势地位。如果刑罚权不受法律的严格约束，那么处于弱势一方的犯罪人，在强大国家权力面前，几乎无还手之力。滥用刑罚，随意定罪，定会成为司法的常态。在现代社会，刑法不再是刀把子，而是双刃剑，刑法既要惩罚犯罪，也要保障人权。一如德国法学家拉德布鲁赫所言："刑法不仅要面对犯罪人以保护国家，也要面对国家保护犯罪人，不单面对犯罪人，也要面对检察官保护市民，成为公民反对司法专横和错误的大宪章。"总之，刑罚权必须受到罪刑法定原则最严格的约束，在法无明文规定的情况下，即便行为的危害性再大，也不能突破法律，滥用刑罚。

然而，民法所调整的是平等主体的财产关系和人身关系。民事当事人双方的法律地位是平等的。当双方出现民事纠纷，必须通过法律解决，司法必须定分止争，不能坐视不管，否则会引发更大的纷争。因此，在民法没有规定的情况下，应该寻求民法以外的法理、习惯等作为裁判的依据。

总之，在现代社会，民法的扩张与刑法的克制正是法治的真谛。

(二) 2008 年卷四第七题

案例一：2005 年 9 月 15 日，B 市的家庭主妇张某在家中利用计算机 ADSL 拨号上网，以 E 话通的方式，使用视频与多人共同进行"裸聊"被公安机关查获。对于本案，B 市 S 区检察院以聚众淫乱罪向 S 区法院提起公诉，后又撤回起诉。

案例二：从 2006 年 11 月到 2007 年 5 月，Z 省 L 县的无业女子方某在网上从事有偿"裸聊"，"裸聊"对象遍及全国 22 个省、自治区、直辖市，在电脑上查获的聊天记录就有 300 多人，网上银行汇款记录 1000 余次，获利 2.4 万元。对于本案，Z 省 L 县检察院以传播淫秽物品牟利罪起诉，L 县法院以传播淫秽物品牟利罪判处方某有期徒刑 6 个月，缓刑 1 年，并处罚金 5000 元。

关于上述两个网上"裸聊"案，在司法机关处理过程中，对于张某和方某的行为如何定罪存在以下三种意见：第一种意见认为应定传播淫秽物品罪（张某）或者传播淫秽物品牟利罪（方某）；第二种意见认为应定聚众淫乱罪；第三种意见认为"裸聊"不构成犯罪。

问题 1：以上述两个网上"裸聊"案为例，从法理学的角度阐述法律对个人自由干预的正当性及其限度。

问题 2：根据罪刑法定原则，评述上述两个网上"裸聊"案的处理结果。

答题要求：

1. 在综合分析基础上，提出观点并运用法学知识阐述理由；

2. 观点明确，论证充分，逻辑严谨，文字通顺；

3. 不少于 500 字，不必重复案情。

提示：本题为选答题，请选择其中一问作答。答题时务必在答题纸对应位置上标明"问题 1"或"问题 2"。两问均作答的，仅对书写在前的答案评阅给分。

《刑法》参考条文：

※**第 3 条**　法律明文规定为犯罪行为的，依照法律定罪处刑；法律没有明文规定为犯罪行为的，不得定罪处刑。

※**第 363 条（第 1 款）** 以牟利为目的，制作、复制、出版、贩卖、传播淫秽物品的，处 3 年以下有期徒刑、拘役或者管制，并处罚金；情节严重的，处 3 年以上 10 年以下有期徒刑，并处罚金；情节特别严重的，处 10 年以上有期徒刑或者无期徒刑，并处罚金或者没收财产。

※**第 364 条（第 1 款）** 传播淫秽的书刊、影片、音像、图片或者其他淫秽物品，情节严重的，处 2 年以下有期徒刑、拘役或者管制。

※**第 301 条（第 1 款）** 聚众进行淫乱活动的，对首要分子或者多次参加的，处 5 年以下有期徒刑、拘役或者管制。

※**第 367 条** 本法所称淫秽物品，是指具体描绘性行为或者露骨宣扬色情的诲淫性的书刊、影片、录像带、录音带、图片及其他淫秽物品。

有关人体生理、医学知识的科学著作不是淫秽物品。

包含有色情内容的有艺术价值的文学、艺术作品不视为淫秽物品。

▶ **参考范文**

裸聊，该当何罪？

裸聊行为，应当如何定性？这涉及对罪刑法定原则的理解。

法无明文规定不为罪，法无明文规定不处罚，这是法治国家最重要的刑法原则。罪刑法定原则的本质在于限制国家的刑罚权，防止刑罚权的滥用。罪刑法定包括形式和实质两个层次的内容。罪刑法定的形式层面主要限制的是司法机关的权力。当司法机关在解释法律时，不能超越法律语言的最大范围，以体现立法权对司法权的约束。罪刑法定的实质侧面主要限制的是立法机关的权力。刑法本身应是"善法"，否则，单纯符合罪刑法定形式侧面要求的刑法也可能成为压迫民众的工具。刑法的处罚范围与处罚程度必须具有合理性，禁止将轻微危害行为当作犯罪处理。一个表面上符合法条的行为并不能理所当然被视为犯罪，司法机关还应该从实质上根据刑法目的去解释法律，使得刑罚的处罚具有合理性，这是司法权对立法权的限制。

裸体视频聊天可以扩张解释为"淫秽物品"。罪刑法定原则允许扩张，但却禁止类推。扩张解释是将刑法规范可能蕴含的最大含义揭示出来，是在一定限度内的解释极限化；类推解释是将刑法规范本身没有包含的内容解释进去，是解释的过限化。裸体视频聊天，是一种淫秽信息。将淫秽信息解释为淫秽物品，这并未超越"淫秽物品"这个词语的极限，可以视之为一种扩张解释。事实上，《全国人民代表大会常务委员会关于维护互联网安全的决定》也明确认为，淫秽信息属于淫秽物品。

然而，根据刑法目的，无论是传播淫秽物品罪，还是传播淫秽物品牟利罪，"传播"必须限定为向不特定多数人传播，否则，刑罚的处罚范围就太过宽广。点对点的"传播"淫秽信息并无严重的社会危害性，没有打击的必要。如果连这种行为都以犯罪论处，那么朋友之间互发几个"荤段子"，恋人之间发张不雅的照片都属于犯罪。甚至，公安机关向检察机关移送载有淫秽信息的案卷材料也符合传播淫秽物品的犯罪构成。这样，刑罚权的边界就太过模糊了。事实上，刑法也明确规定，传播淫秽物品，情节严重才可构成犯罪。只有向不特定多数人传播淫秽物品，才可能属于情节严重。

至于聚众淫乱罪中的"聚众"更应当做限制解释，不能扩张至网络空间，否则民众的私人空间都处于刑罚的打击之下，权力将恣意侵扰公民的私生活。如果裸聊属于聚众淫乱，司法机关为了掌握犯罪线索，就可能对这种犯罪从策划、预备到着手实施的全过程进行跟踪调查，这不可避免地会殃及无辜，干扰公民的正常的私生活。比如，当某人准备上网，或者发送信件，公安机关都可能怀疑他们将实施聚众淫乱，从而进行侦查布控。公民的私人生活于是暴露于权力之下，无法遁逃。

因此，在材料二中，商业性的裸聊，是一种典型的向不特定多数人传播淫秽信息的行为，可以传播淫秽物品牟利罪定罪处罚。但是材料一中，网友之间私密的裸聊行为，不得以犯罪论处。

热点案例一　张三救火案

[案情] 2021 年 3 月，张三虚报注册资本，成立至尊医药公司，主要从事正当业务经营，后经公司股东集体讨论，某种进口药品可以获取暴利（该药品没有取得药品相关批准证明文件），遂以公司的名义在互联网上设立销售网站，通过互联网向客户销售该药品，获利上百万。后因公司没有年检被工商局注销。

2021 年 4 月，因被公安机关追查，张三逃往大兴安岭。听人说某种珍贵树木价格昂贵，遂组织多人前往林区，采伐珍贵树木多株。在一次采伐过程中，树木倒下砸到一个猎人头部。猎人陷入昏迷，张三发现，猎人曾与其有过口角，所以未予救助，猎人死亡。事后查明，猎人当时受重伤，即便及时送医，也无法挽救猎人的生命。

张三回到家中，发现儿子张四（17 岁）对张三收养的女儿（10 岁）实施猥亵。张三心想，此女本来也是为了给儿子做童养媳的，所以置之不理，悄然离开。

2021 年 7 月，张三发现市场着火，奋不顾身前去救火。在火势凶猛的二楼发现一个小婴儿，张三想抱起婴儿逃离火海，但力不从心，只能将婴儿抛出窗外。婴儿落地后受重伤。张三从火场冲出，看到重伤的婴儿，本想送医，但张三的情人王某对张三说，医院费用昂贵，劝其不要惹上麻烦，张三遂未救婴儿，后婴儿因受重伤流血过多而死。

2021 年 8 月，张三因与情人王某发生口角，便密谋绑架王某。某日中午，王某打电话约张三见面，张三等七人将王某及其幼女李某带至一个偏僻的库房。张三将李某捆在树上，为防止其哭闹，用胶带将其口捂住。此后，张三等人殴打王某并索要人民币（以下币种同）5000 元。王某被迫拿出 1000 元后，又打电话给其他亲戚朋友，让他们将钱汇至张三提供的账户。后张三等人怕被发现，欲将王某和其女儿李某转移，但发现李某已经窒息而死。张三遂挟持王某搭乘一辆出租车，行至某路段时，所乘出租车与一辆小汽车发生碰撞，张三等三人逃离，王某因钝性外力打击头部致严重颅脑损伤死亡。2021 年 9 月，张三被抓获归案。

（案例来源：《刑事审判参考》第 295 号）

问题：（共 23 分）

1. 张三销售药品的行为是否属于单位犯罪？为什么？该案应当如何定性？（4 分）

2. 张三采伐树木和致人死亡的行为是否构成犯罪？如果构成，属于作为还是不作为？为什么？（3 分）

3. 关于猥亵，张三和张四是否构成犯罪？如果构成，是否属于共同犯罪？分别属于何种危害行为？（3 分）

4. 张三将婴儿抛出窗外的行为，应该如何定性，事后的不救助是否构成犯罪？王某的行为应当如何定性？为什么？若有多种学说，请予以说明。（6 分）

5. 张三绑架王某及其女儿，并致两人死亡的行为，应当如何处理？为什么？（7 分）

> ▶ **核心考点**

单位犯罪　作为与不作为　因果关系　共同犯罪　紧急避险　绑架罪　从旧兼从轻原则

✎ 答题区

▶ 解题思路

1. 采取虚假手段设立的单位，仍可成立单位犯罪。在本案中，至尊公司主要从事正当业务经营，后来开始违规售药，如果售卖行为构成犯罪，则属于单位犯罪。对于单位犯罪，一般采取双罚制。当公司主体消失之后，可以追究自然人的刑事责任。但如果售卖行为本身不构成犯罪，自然既非单位犯罪，也非个人犯罪。

《刑法修正案（十一）》规定了妨害药品管理罪，未取得药品相关批准证明文件生产、进口药品或者明知是上述药品而销售的，足以严重危害人体健康的，才构成本罪。因此按照修正案的规定，销售这些药品不再一律构成犯罪，除非可以证明上述药品足以严重危害人体健康的，才构成本罪。

2. 张三的行为构成作为的危害国家重点保护植物罪，同时导致猎人重伤，这种先前行为会引发作为义务。但是，不作为与结果之间必须存在因果关系，这种因果关系体现在如果行为人履行了作为义务就可以防止结果的发生。因此，如果行为人履行了作为义务，但仍然无法避免结果的发生，那就不成立不作为犯。在本案中，即便救助也无法挽救猎人生命，所以张三不构成不作为犯。其过失致人死亡行为构成作为犯。但由于张三只实施了一个行为，所以成立非法采伐国家重点保护植物罪和过失致人死亡罪的想象竞合。

3. 婚姻法规定，父母对子女有监护的义务。刑法对于拒不履行抚养、赡养义务的行为，明确规定构成遗弃罪，刑法对婚姻法的义务予以了确认。法律法规明确规定的义务是不作为犯中作为义务的一种来源。不要求这些义务必须是刑法明文要求的作为义务，宪法、民商经济法和行政法律法规规定的义务都可以成为刑法上不作为的义务来源，但是这些法律法规规定的义务必须经过刑法的确认，即刑法对于不履行法律法规规定的义务的行为必须规定为犯罪。张三和张四构成猥亵儿童罪的共同犯罪，养父有制止义务，张三属于不作为犯，张四属于作为犯。这是作为与不作为的共同犯罪。

4. 《刑法》第21条第1款规定，为了使国家、公共利益、本人或者他人的人身、财产和其他权利免受正在发生的危险，不得已采取的紧急避险行为，造成损害的，不负刑事责任。

张三将孩子抛出窗外的行为可以视为一种紧急避险，这本是排除社会危害性的行为。但是不履行因紧急避险行为引起的作为义务可以构成不作为犯罪。

张三对重伤的孩子有救助义务，主观上有放任的心态，因此他的不救助行为构成不作为的故意杀人罪。王某属于教唆犯。

但如果认为张三的行为属于行为本身的否定事由，由于张三降低了危险，所以不是危害行为，那就不属于先前行为，自然没有创造救助义务。如果按照这种观点，张三的不救助行为就不构成犯罪，那么王某也不构成犯罪。

5. 张三将王某及其女儿绑架的行为属于绑架罪。同时在绑架过程中抢劫的，应当从一重罪论处。

张三在绑架过程中致李某死亡，由于采取了高度危险性的方法，有极高的概率致人死亡，所以对死亡结果有放任的心态，属于在绑架过程中故意杀害被绑架人的加重情节。根据《刑法》第239条第2款的规定，杀害被绑架人的，或者故意伤害被绑架人，致人重伤、死亡的，处无期徒刑或者死刑，并处没收财产。

至于王某的死亡结果，与绑架行为并无因果关系。张三对此死亡结果不应当承担责任。

▶ 答题要点

1. 未取得药品批准证明文件生产、进口药品或者明知是上述药品而销售的，足以严重危害人体健康的，构成妨害药品管理罪，如果至尊公司售卖的药品达到了这种具体危险的程度，那么虽然是虚报注册资本成立的公司，但其主要业务是正当业务，所以属于单位犯罪，但由于单位资格消失，只应该追究自然人的刑事责任。（2分）如果没有达到具体危险的程度，则不构成犯罪。（2分）

2. 张三的行为构成作为的危害国家重点保护植物罪。（1分）虽然该罪导致猎人受伤，张三有救助义务，但由于即便履行义务也无法挽救猎人生命，所以张三的不救助行为不构成不作为的故意杀人罪，只单纯构成作为的过失致人死亡罪，应当与危害国家重点保护植物罪从一重罪论处。（2分）

3. 张三作为养父有制止义务而没有制止，构成不作为的猥亵儿童罪（2分），张四构成猥亵儿童罪的作为犯，这是作为与不作为的共同犯罪（1分）。

4. 张三将婴儿抛下的行为是一种紧急避险（1分），紧急避险行为可以引起作为义务（1分），张三能够履行救助义务而未履行，其行为构成了不作为的故意杀人罪（1分）。王某构成教唆犯。（1分）

但如果将救助行为理解为危险降低的行为，那么就不属于危害行为，也就不会导致作为义务，那么对于婴儿的死亡，张三和王某都不承担刑事责任。（2分）

5. 对于王某的绑架，张三的行为构成绑架罪。（2分）由于王某的死亡结果与张三的绑架行为没有关系，故张三的行为属于绑架罪的基本犯罪构成。（1分）他在绑架过程中又抢劫的，应当从一重罪论处。（2分）

对于李某的绑架，张三将李某的口捂住，致其窒息死亡，对死亡有放任的心态。其行为属于在绑架过程中故意杀害被绑架人。（2分）

 热点案例二　王某割头祭拜案

[案情] 王某4年前结识了杜某，2018年1月，一日两人因琐事发生争执，王某遂产生杀死杜某再自杀的念头，并趁夜深无人之际从枕下取出预先准备的一把平时修理拖拉机用的三棱刮刀刺向杜某的胸部，王某刺第二刀时，因杜某躲闪，只伤及杜某的左侧肋骨。随后，杜某一把夺过三棱刮刀将之扔在地上。杜某流血不止，要求王某送其去医院，王某称："不要去了，去了也没有用。"杜某仍要去医院，王某告之："你已被我刺了两刀了，没有用了。"杜某称其怕冷，要王某去另一房间为其抱被取暖，趁王某去另一房间为其抱被之际，杜某逃离现场，被邻居送往医院救治。后经鉴定，杜某的伤构成轻微伤。王某后逃离现场。

2021年3月，王某在某中学担任体育老师，与甲女（2006年1月出生）恋爱，两人自愿发生过数次性行为。2021年4月，甲女与舍友刘某不睦，劝王某性侵刘某。甲女邀请刘某一起用餐并在食物中放入麻醉剂。为了避免刘某起疑，甲女和刘女都食用饭菜，昏睡过去。王某由于醉酒将甲女当成刘女，对甲女实施了奸淫。王某清醒后才发现自己弄错了。

其后，王某担心刘某发现真相报警，决定杀人灭口。于是射杀刘女，致刘女轻伤，但误射中王五，致王五死亡。2021年5月，王五之哥丁为弟弟报仇，将王某打死后，为了泄愤又将"尸体"的头颅割下，用来祭拜弟弟。后查明，王某系被割头而死。

问题：（共 19 分）

1. 王某对杜某的行为应当如何定性？请说明理由。（4分）

2. 王某对于甲女的犯罪行为如何定性？若有多种学说，请予以说明。（7分）

3. 王某的射杀行为如何定性？若有多种学说，请予以说明。（4分）

4. 丁的报仇行为如何定性？若有多种学说，请予以说明。（4分）

☑ 核心考点

间接故意　犯意转化　犯罪中止　打击错误　事前故意　故意杀人罪

✎ 答题区

📝 解题思路

1. 本题考查犯罪未遂和犯罪中止的区别。自动放弃可重复加害行为与未遂之后不能成立中止的区别在于，前者行为并未中断，与事后的放弃行为没有时空的阻断；而后者，在行为的发展进程中时空有明显的阻断。

在本案中，王某以为自己的行为会造成杜某死亡，所以放弃了犯罪，这已经构成犯罪未遂，形态不可互逆，不可能再成立犯罪中止。所以王某的行为构成故意杀人罪的犯罪未遂，可以比照既遂从轻或减轻处罚。

2. 本题考查负有照护职责人员性侵罪和具体的事实认识错误。

对已满14周岁不满16周岁的未成年女性负有监护、收养、看护、教育、医疗等特殊职责的人员，与该未成年女性发生性关系的，即便女方自愿，也构成负有照护职责人员性侵罪。如果同时符合强奸罪，则从一重罪论处。

对于具体的事实认识错误，在学说上，一直存在具体符合说与法定符合说的争论。具体符合说认为，只要行为人主观所认识的犯罪事实和客观发生的犯罪事实不具体一致，那么对于实际发生的犯罪事实，就不成立故意。法定符合说认为，行为人所认识到的犯罪事实和现实发生的犯罪事实在构成要件上一致的话，就成立故意。在对象错误上，具体符合说与法定符合说的结论一般是一致的。但在打击错误中,两者的处理结论是不同的,法定符合说与具体符合说最大的分歧在于客观上不同的客体能否等价。具体符合说关注具体客体,认为每个客体都有其独特价值,不能一律等价视之。而法定符合说关注抽象客体,认为不同客体之间若在本质上有相同点,在相同本质上可以等价。我国的通说是法定符合说。

甲女的行为是强奸罪的教唆,实行犯王某出现了对象错误。对于王某而言,无论是法定符合说,还是具体符合说,王某都构成强奸罪的既遂。对于甲女而言,这是打击错误。按照法定符合说,甲女仍构成强奸罪的教唆既遂。但如果按照具体符合说,甲女构成强奸罪的教唆未遂,可以从轻或减轻处罚。

3. 王某的射杀误差是典型的打击错误,按照具体符合说,王某构成故意杀人罪的未遂和过失致人死亡罪的想象竞合。按照法定符合说,则只构成故意杀人罪的既遂。

4. 丁的行为属于因果关系认识错误中的事前故意,是指行为人误认为第一个行为已经造成结果,出于其他目的实施第二个行为,实际上第二个行为才导致预期结果的发生。

在学说上,对于事前故意的处理有两种观点:第一种观点认为,将前后两个行为视为一个整体,视为因果关系的认识错误,只要满足相当的因果关系,就成立一个故意杀人罪既遂。按照这种观点,丁的行为构成故意杀人罪的既遂。第二种观点则把它看成两个罪行,一个是故意杀人罪的未遂,一个是过失致人死亡罪。

⬛ 答题要点

1. 王某的杀人行为属于犯罪未遂,而非犯罪中止。(2分)因此,对于王某可以比照既遂从轻或减轻处罚。(2分)

2. 王某与甲女自愿发生性行为,构成负有照护职责人员性侵罪。(2分)

王某出现了对象错误,无论是法定符合说,还是具体符合说,王某都构成强奸罪的既遂。(2分)

甲女的行为是强奸罪的教唆,属于打击错误。按照法定符合说,甲女仍构成强奸罪的教唆既遂。但如果按照具体符合说,甲女构成强奸罪的教唆未遂,可以从轻或减轻处罚。(3分)

3. 王某的误杀行为是打击错误(2分),按照具体符合说,王某构成故意杀人罪的未遂和过失致人死亡罪的想象竞合（1分），按照法定符合说，则只构成故意杀人罪的既遂（1分）。

4. 丁的行为属于事前故意（2分），它至少有两种学说，一种观点认为丁构成故意杀人罪的未遂和过失致人死亡罪（1分），另一种观点认为构成故意杀人罪的既遂（1分）。

热点案例三　张某公车伤人案

材料一： 2020年1月，医学院学生王某与舍友张某发生口角，遂找张某寻仇。王某用铁棍打张某，张某拿起王某的名贵折刀（价值10万元）还击，折刀被打断，王某也被砍成重伤，王某请张某将其送往医院，张某置之不理逃离现场，后王某死亡。

材料二： 2021年4月，陆某当班驾驶一辆无人售票公交车，从起点站出发行驶。当车行驶至市区某站时，被告人张某乘上该车。当公交车停靠下一站起步后，陆某见上车的乘客较多，多次要求张某往里走，张某不仅不听从劝告，反以陆某出言不逊为由，挥拳殴打正在驾车行驶的陆某，击中陆某的脸部。陆某被殴后，置行驶中的车辆于不顾，离开驾驶座位，抬腿踢向张某，并动手殴打张某，双方扭打在一起。公交车接连撞倒一相向行驶的骑自行车者，撞坏一辆出租车，撞毁附近住宅小区的一段围墙，造成骑自行车的被害人龚某某因严重颅脑损伤致中枢神经功能衰竭而当场死亡，撞毁车辆及围墙造成物损人民币21 288元（其中桑塔纳出租车物损人民币12 431元，公交车物损人民币6037元，围墙损坏修缮费人民币2820元）。随后，被告人陆某委托在场群众向公安机关报警投案。张某逃离现场。

材料三： 2021年5月某日凌晨，方某扶醉酒的女友回家，由于女友难受，方某让女友坐在地上，轻拍女友背部，张某见状，以为方某欲非礼他人，遂用拳重击方某，致其轻伤。

　　材料四：2013年6月，张某因为体虚，听说狗肉可以补身体，于是对刘某谎称其饲养的名犬（价值3万元）是疯狗，刘某遂同意张某将狗抓走处理。张某将狗抱走，刘某突然觉得不妥，感觉有诈，遂追赶张某。张某拼命逃跑，在逃跑过程中，用狗向刘某砸去，刘某躲闪，狗摔下悬崖死亡。刘某心脏病发作死亡。

（案例来源：《刑事审判参考》第197号）

　　问题：（共24分）

　　1. 在材料一中，张某的行为如何定性？（6分）

　　2. 在材料二中，张某殴打司机的行为与肇事结果之间是否存在法律上的因果关系？陆某的行为应当如何处理？（5分）

　　3. 在材料三中，张某将方某打伤的行为属于何种现象？应当如何处理？（4分）

　　4. 在材料四中，张某的行为如何定性？对于刘某的死亡是否承担刑事责任？（6分）

　　5. 在材料四中，张某属于何种量刑幅度？如果想对其减轻处理，有何种法律途径？（3分）

　　核心考点

　　紧急避险　正当防卫　以危险方法危害公共安全罪　得到被害人承诺　转化型抢劫　法外减轻

　　答题区

（此处为空白横线书写区）

◢ 解题思路

1. 为制止正在进行的不法侵害，使用第三者的财物反击不法侵害人，对于财物的拥有者而言，这可能成立紧急避险，但是如果同时对不法侵害人造成了人身损害，是可以成立正当防卫的。本案的特别之处在于，张某使用的是犯罪人的财物来攻击犯罪人本人，对此，也应将造成名贵刀具受损认定为紧急避险。

至于对王某人身侵犯，这具有防卫性质。至于正当防卫是否会引起作为义务，一般认为如果正当防卫造成了伤害（该伤害本身不过当），具有死亡的紧迫危险，发生死亡结果就会过当，那么，应当肯定正当防卫人具有救助义务。

比如甲对正在实施一般伤害的乙进行正当防卫，致乙重伤（仍在防卫限度之内）。乙已无侵害能力，求甲将其送往医院，但甲不理会而离去。乙因流血过多死亡。在这个案件中，有分割说和合并说两种处理方法，前者把此行为切割成两个行为，一是正当防卫，二是致人重伤，后者则在整体上把此行为看成是防卫行为所导致的重伤。显然，后者更符合常理，在本案中，乙的死亡的确是甲的防卫行为所导致的。由于死亡结果超出了防卫限度，属于防卫过当，故可以推知甲有救助义务。

但在本案中，王某用铁棍打张某，如果这属于严重危及人身安全的暴力侵犯，那么张某致其死亡的结果就属于特殊防卫。《刑法》第20条第3款规定："对正在进行行凶、杀人、抢劫、强奸、绑架以及其他严重危及人身安全的暴力犯罪，采取防卫行为，造成不法侵害人伤亡的，不属于防卫过当，不负刑事责任。"防卫人如果遭遇到某些严重危及人身安全的暴力犯罪，实施正当防卫则不存在过当问题。立法上作这样的规定一方面体现了对暴力犯罪的严厉惩治，另一方面体现了鼓励公民积极反抗暴力犯罪的态度，让防卫人放开手脚勇敢保护合法权益。

当然，如果王某的攻击行为没有达到严重危及人身安全的程度，那么张某的防卫行为导致王某死亡，张某的行为就属于防卫过当。

2. 张某殴打司机的行为与肇事结果之间是否存在法律上的因果关系，这是本案控辩双方争议最大的地方。从案情来看，张某上车后不听劝告，滞留在车门口影响到乘客的乘车秩序。在与司机陆某发生争吵后挥拳殴打陆某，导致被告人陆某离开驾驶室与其互殴，并造成1人死亡和车辆等财物严重受损的后果。这一危害结果正是两被告人各自的过错行为竞合所致。从总体上讲，两被告人的斗殴行为直接导致了肇事结果的发生，张某的行为当然与危害结果具有法律上的因果关系。

就本案案情看，被告人陆某的主观心理状态不应是过失，而应是恣意的放任，是间接故意。

《刑法修正案（十一）》增加了妨害安全驾驶罪："对行驶中的公共交通工具的驾驶人员使用暴力或者抢控驾驶操纵装置，干扰公共交通工具正常行驶，危及公共安全的，处1年以下有期徒刑、拘役或者管制，并处或者单处罚金。前款规定的驾驶人员在行驶的公共交通工具上擅离职守，与他人互殴或者殴打他人，危及公共安全的，依照前款的规定处罚。有前两款行为，同时构成其他犯罪的，依照处罚较重的规定定罪处罚。"

本罪包括两种情况：①乘客对驾驶人员使用暴力或者抢控驾驶操纵装置，干扰公共交通工具正常行驶，危及公共安全的。比如乘客在公交车上打司机。②驾驶人员在行驶的公共交通工具上擅离职守，与他人互殴或者殴打他人，危及公共安全的。比如司机和乘客吵架，离开驾驶室和乘客对打。

本罪使用的危及公共安全的表述及其刑罚表明它是抽象危险犯，并不需要达到以危险方法危害公共安全罪的具体危险（危害公共安全）。

如果干扰公共交通工具行驶的行为造成了实害结果，比如致人伤亡或者造成其他严重后果，那就同时构成以危险方法危害公共安全罪的结果加重犯，从一重罪应当以以危险方法危害公共安全罪定罪处罚。

因此，应对其按妨害安全驾驶罪和以危险方法危害公共安全罪从一重罪，以危险方法危害公共安全罪定罪处罚。

3. 如果没有发生不法侵害，行为人误以为发生了不法侵害，采取了自以为是正当防卫行为的，属于假想防卫。通说认为，假想防卫不是正当防卫，通常按过失犯罪处理；如果确实没有过失的，则按意外事件处理。

在本案中，假想防卫把人打成轻伤，因为过失致人轻伤不成立犯罪，所以这种假想防卫直接以意外事件论处。

4. 承诺必须出于承诺者的真实意志，欺骗下的承诺是无效的。当然，只有在规范上具有实质意义的欺骗才可以否定承诺的效力。如果一种欺骗按照社会一般人的生活经验能够高概率地让他人处分利益，这种欺骗一般就属于实质性欺骗，进而导致同意无效。本案中的欺骗是一种实质性欺骗，所以承诺无效，张某构成诈骗罪。

根据《刑法》第269条的规定，犯盗窃、诈骗、抢夺罪，为窝藏赃物、抗拒抓捕或者毁灭罪证而当场使用暴力或者以暴力相威胁的，依抢劫罪的规定定罪处罚。在本案中，张某的诈骗当场被识破，在逃离现场过程中，用狗抛击刘某，这属于典型的抗拒抓捕，所以构成抢劫罪。

行为人的伤害行为与被害人患有疾病等特异体质的情况（如脾肿大、心脏病、高血压、白血病、血小板缺少症）相遇，由于这些特异体质是前行为（殴打行为）所诱发的，通常应认定存在刑法上的因果关系。因此，张某对刘某的死亡要承担刑事责任。

5. 张某的行为构成抢劫致人死亡，根据《刑法》第263条的规定，要处

10年以上有期徒刑、无期徒刑或者死刑，并处罚金或者没收财产。

由于刘某的死亡属于伤害诱发特异体质，判处10年以上刑罚有点过重。根据《刑法》第63条第2款的规定，犯罪分子虽然不具有《刑法》规定的减轻处罚情节，但是根据案件的特殊情况，经最高人民法院核准，也可以在法定刑以下判处刑罚。因此，如果要对其进行减轻处罚，可以逐级报请最高人民法院核准，进行法外减轻。但是，《刑法》第63条第1款规定，《刑法》规定有数个量刑幅度的，应当在法定量刑幅度的下一个量刑幅度内判处刑罚。所以，即便减轻处罚，其量刑幅度仍应在3年以上10年以下有期徒刑。

▷ 答题要点

1. 张某造成名贵刀具受损属于紧急避险，不构成犯罪。（2分）

如果王某的攻击行为没有达到严重危及人身安全的程度，那么张某的防卫行为导致王某死亡，张某的行为就属于防卫过当，张某本应有救助义务。（2分）但如果达到严重危及人身安全的程度，那么张某的行为就属于特殊防卫，不构成犯罪。（2分）

2. 张某殴打司机的行为与肇事结果之间存在法律上的因果关系，司机的回击行为是张某所引发的，这符合相当因果关系说。（2分）

被告人陆某的主观心理状态是放任的间接故意。（1分）因此，应对其按妨害安全驾驶罪和以危险方法危害公共安全罪从一重罪论处，以危险方法危害公共安全罪定罪处罚。（2分）

3. 在本案中属于假想防卫（2分），假想防卫通常按过失犯罪处理；如果确实没有过失的，则按意外事件处理。张某把人打成轻伤，但过失致人轻伤不成立犯罪，所以这属于意外事件。（2分）

4. 张某使用欺骗手段获得他人财物，这构成诈骗罪。（2分）犯诈骗罪，为窝藏赃物、抗拒抓捕或者毁灭罪证而当场使用暴力或者以暴力相威胁的，依抢劫罪的规定定罪处罚。（2分）刘某有心脏病，他的死亡是抢劫行为所诱发的，所以存在法律上的因果关系，张某对此需要承担责任。（2分）

5. 张某属于抢劫致人死亡，要处10年以上有期徒刑、无期徒刑或者死刑，并处罚金或者没收财产。（1分）

如果要对其减轻处罚，可以适用法外减轻条款，报最高人民法院核准。（2分）

热点案例四　甲乙吸毒致幻案

[**案情**] 甲乙为流浪孤儿，结伴相依，乞讨为生，并多次实施违法犯罪活动。

2010 年 1 月，在一次乞食时，因为丙辱骂甲猪狗不如，乙非常生气，遂拿起石头往丙头上猛砸，在砸头过程中，乙突然陷入无责任能力状态，在此状态下连续重砸丙头部 50 次，丙当场死亡。

2010 年 3 月，甲乙偷偷爬进一古玩店玩耍，多次在数幅名画上签上自己的名字，甲乙都认为这是在效法古人的高雅作为。

2010 年 4 月，甲乙被抓，在对其进行审问时，甲不知自己是何时出生，也没有其他证据判断甲的年龄。2010 年 5 月经过骨龄鉴定，得出甲的年龄在 15 周岁 1 个月到 16 周岁 7 个月之间，乙的年龄在 16 周岁 6 个月到 17 周岁 9 个月之间。

2010 年 7 月，甲乙乘警察处理突发事件之机，逃离看守所。甲乙分别逃窜，甲来到 A 地，乙前往 B 地。后甲染上毒瘾，2010 年 12 月某日因服食摇头丸药性发作，在其暂住处吸毒出现幻觉，以为同室居住的被害人阮某要伤害他，故对其进行捅刺，致阮某抢救无效死亡。甲被群众扭送至公安机关，经精神病医学司法鉴定，认为甲系吸食摇头丸和 K 粉后出现精神病症状，在精神病状态下作案，评定为限制刑事责任能力。

乙来到 B 地后，在工厂打工，与打工女熊某建立恋爱关系。而后熊某嫌弃乙头脑愚钝和其分手。两人在广州分手后，乙非常生气，两次来找熊某复合，熊某不愿意。2012 年 10 月，乙携带被其锯短且枪管、子弹已上膛的单管猎枪及四发子弹再次来到工厂，要求熊某和其复合，熊某不肯。后熊某约其朋友郑某、高某一起在工厂体育馆二楼台球室与乙见面，熊某仍表示不愿复合。乙遂掏出猎枪威逼熊某。郑某扑上抢夺乙的猎枪。乙匆忙中对着郑某小腿内侧的地面扣动扳机，子弹打破了郑某的长裤，并在郑某的左膝内侧留下 3mm×5mm 表皮擦伤（轻微伤）。乙慌忙逃跑。

2013年5月，乙在C地火车站附近一间面店吃饭，在结账时质疑店方收费过高，却遭老板语带讥讽地说了一句：吃不起就别吃！乙一怒之下，随手在面馆拿起一把菜刀，将面店老板狂斩致死，其后更将其头部割下，弃于垃圾桶内。乙被当场抓获。C市司法精神病鉴定委员会对乙进行的司法精神病鉴定，认定乙实施犯罪行为时为精神分裂症不完全缓解状态，有部分责任能力。

（案例来源：《刑事审判参考》第 132、431 号）

问题：（共 29 分）

1. 乙将丙杀害的行为是否承担刑事责任？为什么？（5 分）

2. 甲乙在名画上签名的行为是否构成犯罪？为什么？（6 分）

3. 甲乙逃离看守所的行为是否承担刑事责任？为什么？（4 分）

4. 甲将阮某杀害的行为构成何罪？为什么？如果其辩护人认为甲吸毒后是无刑事责任能力人，要求重新进行精神病鉴定，是否可以允许？（4 分）

5. 乙持枪将郑某打伤的行为是否构成故意伤害罪？为什么？（5 分）

6. 乙的割头行为应当如何定性？对于乙是否可以判处死刑？是否可以适用限制减刑制度？如果适用，其实际服刑期应当如何计算？（5 分）

◤ 核心考点

刑事责任能力　法律认识错误　脱逃罪　原因自由行为　未完成罪　限制减刑

✎ 答题区

....

....

....

....

◆ 解题思路

1. 甲乙的刑事责任年龄问题

根据司法解释，对于没有充分证据证明被告人实施被指控的犯罪时已经达到法定刑事责任年龄且确实无法查明的，应当推定其没有达到相应法定刑事责任年龄。相关证据足以证明被告人实施被指控的犯罪时已经达到法定刑事责任年龄，但是无法准确查明被告人具体出生日期的，应当认定其达到相应法定刑事责任年龄。

因此，在本案中，从有利于被告人的角度出发，甲在 2010 年 5 月年龄应当推定为 15 周岁 1 个月，乙在当时的年龄则推定为 16 周岁 6 个月。

所以，在 2010 年 1 月（疯狂杀人），乙的年龄为 16 周岁。

在 2010 年 3 月（涂鸦名画），甲的年龄为 14 周岁，乙的年龄为 16 周岁。

在 2010 年 7 月（脱逃），乙的年龄为 16 周岁，甲的年龄为 15 周岁。

在 2010 年 12 月（吸毒伤人），甲的年龄也为 15 周岁。

在 2012 年 10 月（持枪伤害），乙的年龄为 18 周岁以上。

2. 乙的杀人行为

乙在精神正常时犯罪，实行犯罪过程中精神病发作，丧失责任能力，该如何处理？关于这个问题，至少有三种学说：①原因自由行为：行为人属于自陷危险，一般都按照故意犯罪的既遂处理。②行为一体论：将具有责任能力时的实行行为与陷入无责任能力状态的实行行为作为一个行为来处理。③作为因果关系的错误来处理：在陷入无责任能力状态前，就已经存在犯罪的未遂，对行为人是否适用既遂的刑罚，取决于无责任能力状态的出现是否对因果关系有重大偏离，如果有，那就不属于既遂。一般认为，在这类案件中，偏离不重大，所以一般都成立既遂。换言之，一般认为，乙符合故意杀人罪既遂的构成要件。

需要说明的是，如果行为人欲实施 A 罪，但在实施 A 罪过程中突发精神病，丧失责任能力，最后实施了 B 罪，这个偏离重大，行为人构成 A 罪的未遂，但对 B 罪不承担责任。如果 AB 两罪有重合部分，在重合部分的范围内成立既遂。

由于乙在实施杀人时未满 18 周岁，按照刑法规定，对其所实施的犯罪应当从轻或减轻处罚，同时对乙不能判处死刑。

3. 关于甲乙毁坏名画的行为

多次在数幅名画上签上自己的名字，甲乙都认为这是在效法古人的高雅作为，这属于对刑法概念的理解错误，不影响故意的成立，甲乙的行为符合故意毁坏财物罪的构成要件。刑法理论认为，对于某种事实的认识是否属于对刑法上某个概念产生了错误认识，这种认识错误，一般不影响故意的成立。换言之，行为人只要知道自己在干什么即可，至于其行为的法律属性是由法律规范所决定的，而不取决于行为人的自我认识。

乙在实施此行为时已满 16 周岁，应当负刑事责任，但应当从轻或减轻处罚。

甲在实施此行为时未满 16 周岁，对此行为不承担刑事责任。

4. 关于甲乙逃离看守所的行为

《刑法》第 316 条第 1 款规定，依法被关押的罪犯、被告人、犯罪嫌疑人脱逃的，处 5 年以下有期徒刑或者拘役。甲乙的行为符合脱逃罪的构成要件。

《刑法》第 17 条第 2 款规定，已满 14 周岁不满 16 周岁的人，犯故意杀人、故意伤害致人重伤或者死亡、强奸、抢劫、贩卖毒品、放火、爆炸、投放危险物质罪的，应当负刑事责任。

所以乙对脱逃罪承担刑事责任，但应当从轻或减轻处罚。

甲对其不承担刑事责任。

5. 关于甲吸毒杀人的行为

本题考查原因自由行为，这是指行为人实施行为时，虽然没有辨认能力或控制能力，但是导致能力丧失的原因是自身罪过。

原因自由行为可以分为故意的原因自由行为和过失的原因自由行为。

（1）故意的原因自由行为

这是指行为人故意让自己陷入无责任能力状态，并决定利用自己的无责任能力状态，追求一个犯罪行为的发生（直接故意）或放任一个犯罪行为的发生（间接故意）。对于这种现象，应当直接以故意犯罪论处。

（2）过失的原因自由行为

这是指行为人故意或过失地陷入无责任能力状态，预见自己有可能在无责任能力的状态下实施犯罪，但轻信能够避免，或者应当预见而没有预见。前者如故意喝醉，但轻信自己不会去驾驶车辆，或者预见自己即便驾车，也不会出事；后者如因为身体状况不能喝酒，但疏忽大意喝酒，然后过失肇事。对此情况，应当以过失犯罪论处。

吸毒是国家法律所禁止的行为，甲以前染上过毒瘾，系多次吸毒者，再次吸毒而引发本案，这属于故意的原因自由行为，由于其吸毒、持刀杀人在主观上均出于故意，所以构成故意杀人罪。一般认为，故意自招危险也不能适用假想防卫等理论，所以本案不属于假想防卫。

甲应对自己吸毒后的危害行为依法承担刑事责任，其吸毒后的责任能力问题不需要作司法精神病鉴定。因此，辩护人认为甲作案时是无刑事责任能力人，要求重新进行司法精神病鉴定不能成立，可以不予采纳。

当然，由于甲实施此行为时仅 15 周岁，故应当从轻或减轻处罚，且不能判处死刑。

6. 关于持枪伤人事件

一般认为只有在直接故意犯罪中才存在未完成形态；在间接故意、过失犯罪中不存在未完成形态，它们只有犯罪成立与否的问题，也即是否成立既遂的问题。如果没有达到既遂，那就不构成犯罪。

在本案中，乙急忙中对着郑某小腿内侧的地面扣动扳机，因此他对造成他人伤亡的后果是一种间接故意的放任心态。由于没有出现轻伤及其以上后果，所以不构成故意伤害罪。乙只构成非法持有枪支罪。

7. 关于割头行为

《刑法》第 18 条第 3 款规定："尚未完全丧失辨认或者控制自己行为能力的精神病人犯罪的，应当负刑事责任，但是可以从轻或者减轻处罚。"

乙的割头行为构成故意杀人罪，但可以从轻或减轻处罚。

《刑法》第 48 条第 1 款规定，死刑只适用于罪行极其严重的犯罪分子。对于应当判处死刑的犯罪分子，如果不是必须立即执行的，可以判处死刑同时宣告缓期两年执行。

乙的割头行为罪行极其严重，可以适用死刑。但是由于他属于限制刑事责任能力人，所以可以从宽处理，故可以适用死缓。

《刑法》第 50 条第 2 款规定，对被判处死刑缓期执行的累犯以及因故意杀人、强奸、抢劫、绑架、放火、爆炸、投放危险物质或者有组织的暴力性犯罪被判处死刑缓期执行的犯罪分子，人民法院根据犯罪情节等情况可以同时决定对其限制减刑。

根据这个条款，人民法院可以对乙适用死缓同时限制减刑。

《刑法》第78条第2款第3项规定，人民法院依照《刑法》第50条第2款规定限制减刑的死刑缓期执行的犯罪分子，缓期执行期满后依法减为无期徒刑的，不能少于25年，缓期执行期满后依法减为25年有期徒刑的，不能少于20年。

▶ 答题要点

1. 乙在精神正常时故意杀人，实行犯罪过程中精神病发作，继续实施故意杀人行为，应当按照故意杀人罪的既遂论处。（2分）一般认为，在这类案件中，偏离不重大，具备相当因果关系，所以一般都成立既遂。（1分）由于乙在实施杀人时未满18周岁，按照刑法规定，对其所实施的犯罪应当从轻或减轻处罚。（1分）同时对其不能判处死刑。（1分）

2. 多次在数幅名画上签上自己的名字，符合故意毁坏财物罪的构成要件（2分），甲乙认为这是在效法古人的高雅作为，这属于对刑法概念的理解错误，不影响故意的成立（2分）。乙在实施此行为时已满16周岁，应当负刑事责任，但应当从轻或减轻处罚。（1分）甲当时未满16周岁，故不承担刑事责任。（1分）

3. 逃离看守所的行为构成脱逃罪（2分），但甲未达16周岁，对此不承担刑事责任，乙构成脱逃罪，但应当从轻或减轻处罚（2分）。

4. 甲多次吸毒，再次吸毒而引发本案，这属于故意的原因自由行为（2分），所以构成故意杀人罪（1分）。

对于原因自由行为，其吸毒后的责任能力问题不需要作司法精神病鉴定。（1分）

5. 乙对着郑某小腿内侧的地面扣动扳机，其主观心态属于间接故意。（2分）间接故意不存在未完成罪的形态，只要没有出现既遂结果，就不构成犯罪。（2分）由于没有出现轻伤及以上后果，所以不构成故意伤害罪。乙只构成非法持有枪支罪。（1分）

6. 乙的割头行为构成故意杀人罪，但鉴于其系限制行为能力人，可以从轻或减轻处罚。（2分）故对其可以判处死刑，缓期两年执行，同时可以限制减刑。（2分）缓期执行期满后依法减为无期徒刑的，不能少于25年，缓期执行期满后依法减为25年有期徒刑的，不能少于20年。（1分）

热点案例五　薛某强奸致死案

[案情] 2011年9月某日中午，薛某与刘某会合后，薛某提出以杀人埋尸的手段抢劫的犯意，刘某表示同意。二人驾驶刘某的摩托车到乌拉山附近寻找埋尸的地点未果，遂将买来作案用的铁锹藏匿于某公园一草丛内。第二日，薛某又打电话给刘某提出共同实施抢劫的犯意，遭到刘某的拒绝。第三日19时许，薛某租用李某驾驶的轿车（价值49 503元）前往某地，欲途中实施抢劫但未果。当日20时许，薛某租用被害人兰某的夏利牌轿车（价值30 544元）前往张楞社，途中用刀捅刺兰某左肩颈结合处，致其死亡，从兰某处劫得现金100元、手机1部。

薛某因为刘某没有和他一起实施抢劫，非常生气。听说刘某外出，遂准备潜入刘某家对刘某的女友魏某实施强奸，但魏某当天不在家。薛某更加生气，欲放火将刘某的房子烧毁，刚点着窗帘又觉得不妥，遂大呼着火了，后逃离现场，邻居王五闻讯跑来将正在燃烧的窗帘扑灭。

薛某游荡回家时，见一仓库，便趁黑夜进入仓库盗窃。薛某将价值3000余元的金属工具扛在肩上，正要搬出仓库时顿生悔意，在将金属工具还回原处时，不小心导致金属工具砸死了熟睡的管理人员。

薛某决定再次考验刘某，如果刘某和自己一起实施犯罪，就原谅他，否则就决定灭口。2011年9月26日晚，两人驾驶摩托车外出。当晚10时40分许，两人在某中学附近看到被害人李某（女，殁年17岁）独行，刘某即上前搭讪，后两人将李某强行带至安福桥南岸桥洞下斜坡处，薛某采用语言威胁、拳打、卡喉咙等暴力手段欲对李某实施强奸，因遭到李某反抗而未果。李某在逃离过程中滑落河中。刘某和薛某看到李某在水中挣扎，刘某水性很好，本欲下水救助，但害怕薛某，遂明知李某处于危险状态但置之不理，并逃离现场。后李某溺水死亡。

2020年6月9日，薛某乘车从北京返回家乡，20日出现发热、干咳等症状，后分别到本村卫生室、镇医院、县人民医院就诊，其间故意隐瞒北京新发地接触史。6 月 25 日，薛某被诊断为新冠肺炎疑似患者，在被转入感染科病房隔离时，不配合治疗并申请出院。6 月 26 日，薛某被确诊为新冠肺炎患者，并造成医护人员、同病房病人等 37 人被隔离，严重影响了疫情防治，在一定范围内造成恐慌。羁押期间，薛某交待了自己曾和刘某实施的抢劫和强奸事实，并提供了刘某（现在化名鲍某某）在广东某地生活的地址和联系方式，警方将刘某抓获。

（案例来源：《刑事审判参考》第 949 号）

问题：（共 29 分）

1. 对薛某与刘某的抢劫行为，应当如何处理？为什么？（4 分）

2. 薛某准备强奸魏某并放火烧毁刘某住宅的行为应当如何处理？为什么？（6 分）

3. 薛某在盗窃过程中导致他人死亡，这种行为如何定性？为什么？（4 分）

4. 薛某以犯罪为由考验刘某，否则决意将其杀害的行为是否构成犯罪？为什么？（2 分）

5. 薛某和刘某对李某的强奸行为是否属于强奸罪的加重犯罪构成？为什么？（4 分）

6. 薛某隐瞒北京新发地接触史及不配合隔离治疗的行为是否构成犯罪？为什么？（2 分）

7. 薛某在羁押期间的交待以及提供刘某的地址和联系方式属于何种量刑情节？应当如何处理？（7 分）

核心考点

共同犯罪的脱离　犯罪预备　犯罪中止　强奸罪　投放虚假危险物质罪　自首和立功

答题区

📑 解题思路

1. 本题考查共同犯罪中犯罪形态问题。共同犯罪与犯罪形态常常交织在一起，从而导致十分复杂的情况。一般说来，共同犯罪与预备、未遂和既遂的关系比较简单。比如，二人以上为了实施犯罪而准备工具，但由于意志以外的原因未能着手，均成立犯罪预备；二人以上已经着手实施犯罪，但由于意志以外的原因未得逞，均成立犯罪未遂；二人已经着手犯罪，但仅因部分人导致结果发生，根据"部分行为之整体责任"，所有人都成立既遂。但是，共同犯罪与中止之间的关系则非常复杂。共犯中的中止，是指一名共犯者在犯罪途中中止继续犯罪而从共犯关系中脱离。由于成立犯罪中止必须具备有效性，即须有效地防止犯罪结果的发生，因此若要有效地脱离共犯，行为人必须"消灭"或"切断"自己对共同犯罪的作用或影响。否则，单独的脱离仍然不能成立中止，根据"部分行为之整体责任"，如若他人成立既遂，脱离人仍应成立既遂。

在本案中，刘某同薛某预谋抢劫杀人，并在预备阶段准备工具、制造条件，构成共同犯罪。刘某虽然中途放弃犯罪，未参与抢劫犯罪的实行过程，但其未制止薛某继续实施犯罪行为，亦未能有效避免危害结果的发生，与薛某抢劫行为所致的危害结果未脱离因果关系，不能成立犯罪中止，应当和薛某一起成立抢劫罪致人死亡的既遂。其量刑幅度是10年以上有期徒刑、无期徒刑或者死刑，并处罚金或者没收财产。

本案中，刘某参与犯罪预备阶段的准备工作，没有参与同案被告人后期实施的犯罪行为，对后期危害结果的发生也持消极态度，客观上其未进一步扩大其个体行为所致恶害，参与共同犯罪程度较浅，在共同犯罪中所起作用相对较小，系从犯，应当从轻、减轻或免除处罚。人民法院应对刘某依法予以减轻处罚。（参见《刑事审判参考》第949号）

2. 本题考查犯罪预备和犯罪中止的认定。犯罪预备是指为了犯罪，准备工具、制造条件，但由于行为人意志以外的原因而未能着手实行犯罪的情形。薛某准备对魏某实施的强奸行为属于犯罪预备，还未着手就由于意志以外的原因而放弃，对于预备犯，可以比照既遂犯从轻、减轻或者免除处罚。

犯罪中止必须是没有发生既遂标志的犯罪结果。行为人虽然自动放弃犯罪或者自动采取措施防止结果发生，但如果发生了作为既遂标志的犯罪结果，就不成立犯罪中止。采取的防止措施必须具备有效性。在积极中止的情况下，必须采取积极措施防止结果发生，这种积极措施必须是在经验法则上可以高概率防止结果发生的措施。在本案中，薛某虽然采取积极措施防止结果发生，但这种积极措施必须是在经验法则上可以高概率防止结果发生的措施才成立犯罪中止。在本案中，火并非行为人扑灭，故此措施并非有效措施，甲不成立犯罪中止。对于未遂犯，可以比照既遂犯从轻或减轻处罚。

3. 本题考查犯罪中止的认定和处理。《刑法》第24条第2款规定："对于中止犯，没有造成损害的，应当免除处罚；造成损害的，应当减轻处罚。"中止犯的"造成损害"必须达到刑法评价的严重程度，换言之，必须具备某种轻罪的既遂标准。"造成损害"的行为必须是中止前的犯罪行为，而不应是中止行为本身所导致的，因为中止行为本身所造成的结果是要独立评价的。薛某的盗窃行为成立犯罪中止，由于中止行为本身导致了他人的死亡，应当独立评价为过失致人死亡罪，故之前的盗窃罪（中止）属于未造成损害结果的中止，应当免除处罚。

4. 本题考查犯罪预备和犯意表示的区别。犯罪预备与犯意表示的最本质区别在于犯罪预备行为是为犯罪准备工具、制造条件，对实行犯罪起到促进作用，对法益构成了威胁；犯意表示并没有对实行犯罪起到促进作用，只是单纯流露犯意的行为，对法益没有现实的威胁。

需要注意的是，虽然犯意表露是通过言语、文字的形式流露出来，但如果这种流露是为了实施某一个犯罪，这种语言或文字的表露是为了实施某种犯罪而采取的预备行为，那就不是犯意流露。比如，某人为了犯罪，通过写信和电话邀请、联络、勾结共同犯罪人，商定犯罪计划、方案，这就不是犯意流露，而是实实在在的预备行为。有时，言语表示本身还是一种实行行为。如对他人口头威胁："你给我钱，否则就把你通奸的事情曝光。"这种语言就不再是犯意流露，而是一个敲诈勒索的威胁行为，而且还是犯罪的实行行为。总之，没有实际的准备行为，仅仅有犯意流露的，这不能算是犯罪；但是，人们通过语言、文字表达出来的东西并非都是犯意的流露，有可能本身就是一个犯罪行为，那么这种场合就应该认定为犯罪行为。

在本案中，薛某的考验只是一种犯意表示，对刘某的生命权并没有威胁，所以这种考验本身是不构成犯罪的。

5. 本题考查强奸罪的加重犯罪构成。本案不属于强奸致人死亡，应当评价为两组行为，第一组行为是强奸罪的未遂，第二组的行为是不作为的故意杀人罪。在本案中强奸行为是一种先前行为，引发了作为义务，两人都有作为义务，但拒不履行，因此构成不作为的故意杀人罪。

本案也不属于轮奸，轮奸必须有2人以上实施了强奸罪的奸淫实行行为。只要数人在客观上有轮奸行为，即便其中的参与人未达刑事责任能力，仍然属于轮奸，达到刑事责任能力的人要承担轮奸的罪责。因此本案只属于普通型强奸共同犯罪的未遂，同时还构成不作为的故意杀人罪。

6. 本题考查妨害传染病防治罪的认定。根据《刑法》第330条规定，妨害传染病防治罪，是指违反传染病防治法规定，引起甲类传染病传播或者有传播严重危险的行为。两高两部《关于依法惩治妨害新型冠状病毒感染肺炎疫情防控违法犯罪的意见》规定，拒绝执行防控措施，引起新冠肺炎病毒传播或者有传播严重危险的，以妨害传染病防治罪定罪处罚。就上述案例而言，薛某故意隐瞒北京新发地接触史，在被转入感染科病房隔离时，不配合治疗并申请出院，拒绝执行卫生防疫机构依照传染病防治法提出的预防、防控措施，违反传染病防治法规定，有引起新冠肺炎病毒传播的严重危险，其行为已构成妨害传染病防治罪。

7. 本题考查自首和立功的认定。《刑法》第67条第2款规定，被采取强制措施的犯罪嫌疑人、被告人和正在服刑的罪犯，如实供述司法机关还未掌握的本人其他罪行的，以自首论。

在本案中，薛某交待了自己和刘某共同实施抢劫和强奸罪的事实，这成立特别自首。对于其所实施的抢劫和强奸行为可以从轻或者减轻处罚。其中，犯罪较轻的，可以免除处罚。

《刑法》第68条规定，犯罪分子有揭发他人犯罪行为，查证属实的，或者提供重要线索，从而得以侦破其他案件等立功表现的，可以从轻或者减轻处罚；有重大立功表现的，可以减轻或者免除处罚。

《最高人民法院关于处理自首和立功若干具体问题的意见》（以下简称《处理自首和立功意见》）规定："犯罪分子提供同案犯姓名、住址、体貌特征等基本情况，或者提供犯罪前、犯罪中掌握、使用的同案犯联络方式、藏匿地址，司法机关据此抓捕同案犯的，不能认定为协助司法机关抓捕同案犯。"

但是，薛某所提供的联络方式和藏匿地址属于犯罪结束后掌握的新情况，正是因为这些信息，使得刘某被缉拿归案，所以成立立功，对其可以从轻或者减轻处罚。

📝 答题要点

1. 刘某同薛某预谋抢劫杀人，并在预备阶段准备工具、制造条件，构成共同犯罪，刘某并未切断对共同犯罪的贡献力，所以不能单独从共同犯罪中脱离，故和薛某一起成立抢劫罪的既遂。（2分）刘某和薛某成立抢劫罪致人死亡的既遂，应当在加重量刑幅度内量刑。（1分）

但刘某在共同犯罪中起次要作用，属于从犯，应当从轻、减轻或免除处罚。（1分）

2. 薛某准备对魏某实施的强奸行为属于犯罪预备（2分），可以比照既遂犯从轻、减轻或者免除处罚（1分）。

薛某在放火过程中大叫"着火了"并不足以防止结果的发生，火并非行为人扑灭，甲不成立犯罪中止，属于犯罪未遂（2分），可以比照既遂犯从轻或减轻处罚（1分）。

3. 薛某的盗窃行为成立犯罪中止，由于中止行为本身导致了他人的死亡，应当单独认定为过失致人死亡罪（2分），之前的盗窃罪（中止）属于未造成损害结果的中止，应当免除处罚（2分）。

4. 薛某想以犯罪考验为条件来决定是否杀害刘某，这是一种犯意表示，属于思想范畴，对刘某的生命权并没有威胁，本身不构成犯罪。（2分）

5. 在本案中没有人实施了奸淫，所以该案不属于轮奸，同时也不构成强奸致人死亡，不是强奸罪的加重情节。（2分）两人构成强奸罪的未遂和不作为的故意杀人罪，系共同犯罪。（2分）

6. 薛某的行为构成妨害传染病防治罪，他拒绝接受隔离的相关规定，有引起新冠肺炎传播的严重危险。（2分）

7. 薛某在羁押期间交待了自己和刘某共同实施抢劫和强奸的事实，成立特别自首。（2分）对于其所实施的抢劫和强奸行为可以从轻或者减轻处罚。其中，犯罪较轻的，可以免除处罚。（2分）

薛某所提供的联络方式和藏匿地址属于协助司法机关抓捕同案犯，对于抓捕起到了实质作用，成立立功（2分），对其可以从轻或者减轻处罚（1分）。

热点案例六　胡某杀人案

[**案情**] 胡某与韩某原系恋爱关系，2015 年 3 月韩某开始疏远胡某，与龚某关系较好。同年 4 月，胡某以龚某与韩某谈恋爱及自己曾被龚某等人殴打为由，邀约邓某等人同往龚某的朋友万某某的暂住处寻找龚某欲殴打报复。胡、邓在万某某的暂住处没有找到龚某，即对万某某进行殴打并用随身携带的小剪刀刺伤万某某背部等处，逼问龚某在何处。万某某被迫与龚某的同事马某某电话取得联系，得知龚某、韩某与马某某等人正在南山游玩。胡、邓即强行将万某某带出，逼迫万某某随同帮助寻找龚某（途中将万某某带至医院包扎伤口）。韩某得知万某某被胡某等人打伤并带走，即与胡、邓约定了双方见面地点，并劝胡某不要伤害万某某，胡某即以"等着收尸"相威胁，韩某即报警。在约定见面地点万某某欲逃跑，胡、邓对其进行殴打，令万某某在原地等候。公安民警接警后前来，胡、邓二人逃跑。

2016 年 5 月某晚，胡、邓二人在某镇水库边，持刀对在此谈恋爱的蒙某某、瞿某某（女）实施抢劫，抢得蒙某某 100 元、瞿某某 60 元，胡、邓各分得 80 元。抢劫后，两人用皮带反绑蒙某某双手，用黏胶粘住蒙某某的手腕，将蒙某某的上衣脱至手腕处，然后威逼瞿某某脱光衣服、脱去蒙某某的内裤，强迫二人进行性交给其观看。蒙某某因害怕，无法进行。两人又令瞿某某用口含住蒙某某的生殖器进行口交。在口交过程中，蒙某某趁胡、邓二人不备，挣脱皮带跳进水库并呼叫救命，方才逃脱。

2016 年 6 月，胡某怀疑邓某背叛他，于是雇佣艾某去杀邓某，但艾某早有此意，一口答应。艾某到邓某家伺机作案，但未能发现机会，便将邓某的汽车玻璃（价值 1 万元）砸坏。

2016 年 7 月，胡某约艾某再次决定杀害邓某事宜。遂趁邓某在散步时朝其开枪，但两人均未打中，其中一发子弹穿过树林，飞向离邓某100余米附近将流浪汉龙某打死。经查龙某身上只有一颗弹孔，但无法查明系胡某与艾某谁打中。但两人均称系自己打中。

邓某感到有生命危险，于是到公安机关报案，并交待自己和胡某实施的强迫蒙某某等人发生性关系的行为，同时请求公安机关抓捕胡某。公安人员让邓某给胡某打电话，邀请胡某前往某茶楼喝茶。公安人员在茶楼蹲伏。胡某不知有诈，前往茶楼，被警察抓获。邓某趁警察抓捕胡某无人看管，遂逃离茶楼。数月后，因重病走投无路，又到当地公安机关投案。

（案例来源：《刑事审判参考》第435、495号）

问题：（共21分）

1. 胡某和邓某挟持万某某的行为应当如何定性？为什么？（2分）

2. 胡某和邓某强迫蒙某某、瞿某某发生性关系的行为如何定性？为什么？（5分）

3. 胡某雇佣艾某杀人的行为，两人如何定性？为什么？（3分）

4. 胡某与艾某导致流浪汉死亡的行为，如何定性？为什么？（4分）

5. 邓某的报案和投案行为属于何种法定量刑情节？为什么？（7分）

📉 **核心考点**

非法拘禁罪　绑架罪　间接正犯　紧急避险　强奸罪　强制猥亵、侮辱罪
共同犯罪的认识错误　共同过失　自首和立功

✏️ **答题区**

▶ **解题思路**

1. 本题涉及非法拘禁罪和绑架罪的区别。《刑法》第239条第1款规定，以勒索财物为目的绑架他人的，或者绑架他人作为人质的，处10年以上有期徒刑或者无期徒刑，并处罚金或者没收财产；情节较轻的，处5年以上10年以下有期徒刑，并处罚金。同时《刑法》第238条第1款规定，非法拘禁他人或者以其他方法非法剥夺他人人身自由的，处3年以下有期徒刑、拘役、管制或者剥夺政治权利。具有殴打、侮辱情节的，从重处罚。

本案属于绑架人质还是非法拘禁成为争论的焦点。虽然两罪在行为方式上有着相似的构成要件，即以暴力、胁迫或者其他手段非法剥夺他人人身自由，被非法拘禁或者被绑架人的身体健康、生命安全随时会遭受到侵犯，其亲属或他人也会感到忧虑、担心，但绑架罪与非法拘禁罪的刑罚极为悬殊，因此两罪的正确区分应当特别予以注意。

本案的原型是《刑事审判参考》第435号"胡经杰、邓明才非法拘禁案"，裁判意见指出：在理解具体犯罪构成要件的时候不仅要看罪状，而且要注意法定刑。因为法定刑的设置，往往与犯罪的本质，即罪质相联系……既然我国《刑法》第239条对绑架罪规定了异常严厉的法定刑，那么在对绑架罪构成要件的解释上就应当予以考虑，作出与处罚相称的解释，也就是要对绑架罪的客观行为进行严格解释，将其缩小到与典型的可处10年有期徒刑到死刑的那种行为的危害程度相匹配的范围。

裁判意见认为：在我国刑法中被科以重刑的绑架罪应当是那种勒索巨额赎金或者其他重大不法要求的绑架类型。在现实生活中，确有一些人因为一时冲动或者因为存在纠纷或者抓住被害人的某些弱点，绑架人质，索要少量钱财或者其他条件的，例如因为被害人拖欠工资、债务，而索要少量超出工资、债务范围的钱财的，或者由于冲动、无知、愚昧扣住人质索取少量钱财的，或者扣住岳母要求媳妇回家的，等等。这种情形的绑架，显然不具有与法律的严厉评价相当的不法程度，其实与非法拘禁、敲诈勒索、寻衅滋事的危害程度差别不大，完全可以按照非法拘禁罪或者敲诈勒索罪论处。

最高人民法院于2000年6月30日通过的《关于对为索取法律不予保护的债务非法拘禁他人行为如何定罪问题的解释》中肯定了"人质型"非法拘禁罪，即行为人基于某种目的，非法将被害人扣押作为人质，剥夺其人身自由，并胁迫被害人实施一定行为以满足其要求的一种犯罪。因此，如果主观上是出于解决某种民事纠纷，如经济纠纷、婚姻家庭纠纷等；所谓"人质"应是民事纠纷的当事人或其亲友，与犯罪分子之间关系比较特定，大多有利害关系或经济往来甚至熟识；非法拘禁"人质"的目的是为了解决双方既存的民事纠纷，而不是重大的不法要求。这都应该以非法拘禁罪，而非绑架罪论处。

在本案中，胡某挟持万某某陪同其去找龚某，目的是殴打龚某解气，泄愤报复；从暴力程度及伤害后果看，途中送万某某就医，反映出被告人对其暴力行为有所节制，对被害人人身威胁不是很大；在整个作案过程中，二被告人始终没有明确告知龚某要求对方前来或找到龚某的目的以及如果对方不能满足自己提出的要求将面临的后果，没有足够理由将胡某要求万某某陪同去找龚某归结为犯罪构成要件中的不法要求，更不宜归结为重大不法要求。综上，本案不具有与绑架罪相当的社会危害程度，故本案以非法拘禁罪定罪处罚是正确的。（参见《刑事审判参考》第 435 号）

2. 本题涉及间接正犯和直接正犯的认定。正犯是实施了符合构成要件行为的人，亲自直接实施构成要件行为的是直接正犯，把他人作为工具加以利用，但在法律上可以评价为与亲手实施具有相同性质的是间接正犯。间接正犯，也就是间接实行犯，它指利用不成立共犯的第三人实行犯罪。严格说来，间接正犯并没有实行行为，只是利用他人的实行行为，但由于与他人缺乏共同的犯罪故意，不成立共犯，而由利用者对被利用者的行为独立负责。

在本案中，蒙某某与瞿某某发生性关系属于紧急避险。《刑法》第 21 条第 1 款规定，为了使国家、公共利益、本人或者他人的人身、财产和其他权利免受正在发生的危险，不得已采取的紧急避险行为，造成损害的，不负刑事责任。

蒙某某不属于胁从犯。胁从犯是被胁迫参加犯罪的，仍然有一定的选择自由，而在本案中，蒙某某没有选择自由，是纯粹的被利用的工具。但是，胡、邓两人利用他人的紧急避险行为实施的犯罪可以评价为亲手实施犯罪，属于间接正犯。

本案的原型是《刑事审判参考》第 495 号"谭荣财、罗进东强奸、抢劫、盗窃案"，指导意见认为："本案被告人谭荣财、罗进东为追求精神刺激，用暴力胁迫的方式，利用蒙某某作为犯罪工具，强迫蒙某某与瞿某某先后发生性交行为和猥亵行为供其观看，其虽然没有亲自实施强奸、猥亵瞿某某的行为，但其强迫蒙某某实施上述犯罪行为，实际是将无犯罪意图的蒙某某作为犯罪工具实施了其本人意欲实施的犯罪行为，因此，对二人应当按实行正犯来处理。"

在本案中，蒙某某由于害怕，最后无法完成性交。所以胡、邓二人成立强奸罪间接正犯的未遂，可以比照既遂从轻或减轻处罚。另外，胡、邓二人还构成强制猥亵、侮辱罪。

根据《刑法修正案（九）》的修改，《刑法》第237条将强制猥亵、侮辱罪规定为"以暴力、胁迫或者其他方法强制猥亵他人或者侮辱妇女的，处5年以下有期徒刑或者拘役。"其犯罪对象不限于妇女，还包括男性。本案发生的时间在《刑法修正案（九）》生效之后，自然要适用新的法律。所以胡、邓二人的行为不仅对女方，也对男方成立强制猥亵、侮辱罪，而且系直接正犯。

3. 本题涉及教唆犯和帮助犯的区别以及认识错误问题。

教唆犯的本质是创造犯意，而帮助犯的本质是强化犯意。对于已经具备犯意的人进行劝说和鼓励，都属于帮助犯。如果主观上想教唆他人犯罪，但他人早有犯罪意图，客观上只起到了帮助作用。对此案件，由于教唆的本质是创造犯意，帮助的本质是强化犯意，故教唆和帮助在帮助的范围内重合。

本案就属于这种现象，胡某主观上是教唆他人犯罪，但客观上起到了帮助作用，应该以帮助犯论处。

对于帮助犯，通说采取共犯从属说，该说认为只有当正犯着手实施犯罪，共犯才有成立的可能。比如甲为乙杀人提供刀具，乙在预备阶段停止犯罪，由于乙未着手实施犯罪，故甲的帮助行为不构成犯罪。

显然，在本案中，艾某的行为属于故意杀人罪的犯罪预备，同时他单独实施了故意毁坏财物的行为，由于艾某没有故意杀人罪的实行行为，因此胡某的帮助行为不构成犯罪，同时胡某也不构成故意毁坏财物罪。

4. 本题考查共同犯罪的打击错误。

两人的行为属于打击错误。按照法定符合说，两人均构成故意杀人罪的既遂。按照具体符合说，两人都对邓某成立故意杀人罪的未遂，由于过失没有共同犯罪，只有击中流浪汉的人单独对流浪汉成立过失致人死亡罪。

共同犯罪是指两人以上共同故意犯罪。由于共同过失在现行刑法中不属于共同犯罪，因此不能适用部分行为之整体责任的理论，要对各行为人分别定罪量刑。根据疑罪从无原则的运用，如两人出于共同过失致人死亡，但无法查明死亡结果是两人中何人所为的，在法律中就只能推定两人中的任何一人的行为都没有造成死亡结果，因此按照具体符合说，两人都对流浪汉的死亡不承担刑事责任。

在本案中，如果根据具体符合说，胡某与艾某对龙某的死亡只存在过失，所以属于共同过失，虽然两人都主张系自己所为，但由于没有其他证据佐证，只能在客观上推定两人对死亡结果都不承担责任。由于过失犯罪没有未遂形态，故两人对龙某的死亡结果不承担刑事责任，但要承担民事侵权的赔偿责任。

5. 本题考查自首和立功的认定。

《刑法》第67条第1款规定，犯罪以后自动投案，如实供述自己的罪行的，是自首。对于自首的犯罪分子，可以从轻或者减轻处罚。其中，犯罪较轻的，可以免除处罚。

《最高人民法院关于处理自首和立功具体应用法律若干问题的解释》规定："犯罪嫌疑人自动投案后又逃跑的，不能认定为自首。"但是该司法解释也规定："犯罪后逃跑，在被通缉、追捕过程中，主动投案的"，视为自动投案。在本案中，邓某主动报案，后虽逃跑，但最后还是自动归案，应当理解为自首。

上述司法解释规定，"犯有数罪的犯罪嫌疑人仅如实供述所犯数罪中部分犯罪的，只对如实供述部分犯罪的行为，认定为自首。"邓某只对强奸罪和强制猥亵、侮辱罪成立自首，对非法拘禁罪不成立自首。

《刑法》第68条规定，犯罪分子有揭发他人犯罪行为，查证属实的，或者提供重要线索，从而得以侦破其他案件等立功表现的，可以从轻或者减轻处罚；有重大立功表现的，可以减轻或者免除处罚。《处理自首和立功意见》规定："犯罪分子具有下列行为之一，使司法机关抓获其他犯罪嫌疑人的，属于《解释》第5条规定的'协助司法机关抓捕其他犯罪嫌疑人'：①按照司法机关的安排，以打电话、发信息等方式将其他犯罪嫌疑人（包括同案犯）约至指定地点……"根据这个司法解释，邓某的行为属于立功。

答题要点

1. 胡某和邓某挟持万某某陪同其去找龚某，目的是欲殴打龚某解气，泄愤报复，并非基于重大不法目的，所以不属绑架人质，应当以非法拘禁罪定罪量刑。（2分）

2. 在本案中，蒙某某与瞿某某发生性关系属于紧急避险。（2分）胡、邓二人利用他人的紧急避险，成立强奸罪间接正犯的未遂，可以比照既遂从轻或减轻处罚。（1分）同时，胡、邓二人不仅对女方，也对男方成立强制猥亵、侮辱罪的直接正犯。（2分）

3. 胡某主观上想教唆艾某杀人，但客观上起到了帮助作用，这属于帮助犯。但由于艾某的行为是故意杀人罪的犯罪预备，由于艾某没有故意杀人罪的实行行为，因此胡某的帮助行为不构成犯罪。（2分）同时艾某单独构成故意毁坏财物罪。（1分）

4. 胡某与艾某导致流浪汉死亡的行为属于打击错误。按照法定符合说，两人均构成故意杀人罪的既遂。（2分）按照具体符合说，两人都对邓某成立故意杀人罪的未遂，由于过失没有共同犯罪，根据疑罪从无原则，无法查明死亡结果是两人中何人所为的，在法律中就只能推定两人中的任何一人的行为都没有造成死亡结果，因此两人都对龙某的死亡不承担刑事责任。（2分）

5. 邓某主动报案，后虽逃跑，但最后还是自动归案，应当理解为自首。（2分）对于自首的犯罪分子，可以从轻或者减轻处罚。其中，犯罪较轻的，可以免除处罚。（2分）邓某只对强奸罪和强制猥亵、侮辱罪成立自首，对非法拘禁罪不成立自首。（1分）

同时，邓某按照司法机关的安排，以打电话的方式将胡某约至指定地点的，使其被顺利抓获，这属于协助抓捕，成立立功，可以从轻或者减轻处罚。（2分）

 热点案例七　董某某诈卖案

[案情] 被告人董某某、宋某某（时年17周岁）迷恋网络游戏，平时经常结伴到网吧上网，时常彻夜不归。2013年7月27日11时许，因在网吧上网的网费用完，二被告人向张某哭诉，张某建议其实施抢劫，两人即

伙同王某（作案时未达到刑事责任年龄）到河南省平顶山市红旗街社区健身器材处，持刀对被害人刘某某和王某某实施抢劫，抢走刘某某5元现金及手机一部。后将所抢的手机卖掉，所得赃款用于上网。

2014年8月，董某某后托人帮忙在园林局工作，在未经管理部门批准许可的情况下，对从事苗圃生意的王夫兴谎称其已与园林局的领导打好招呼，可以处理某市滨湖区锡南路葛埭社区路段两侧的香樟树，并让王帮忙卖掉其中10棵。王夫兴遂联系到买家周某。2016年9月20日，周某安排人员至上述路段挖走香樟树共计8棵，其中胸径40厘米的1棵、38厘米的2棵、28厘米的5棵，林木蓄积量共计5.1475立方米，价值共计35 496元。次日工人在上述路段挖树时被公安人员当场查获。

2014年9月，宋某某驾驶三轮摩托车将人行道上正在行走的被害人严某撞倒。事故发生后，宋某某当即将严某抱到附近卫生室请求救治。接治医务人员认为卫生室不具备抢救条件，即催促宋某某速将严某送到县人民医院急救。宋某某遂将严某抱上肇事三轮摩托车，向县城新安镇继续行驶。在到达新安镇后，宋某某因害怕承担法律责任，将严某抛弃在河滩上。后严某被群众发现时已死亡。经法医鉴定，严某系外伤性脾破裂失血性休克死亡。宋某某供述：其在送被害人去县医院抢救途中，曾3次停车呼喊被害人但被害人均无应答，故认为被害人已经死亡、没有救治必要才产生抛"尸"想法的。抛"尸"当时，宋某某还在现场观察了一会，仍没有看到被害人有任何动作，更加确信被害人已经死亡，最后才离开现场。医学专业人员证实：脾破裂如果脾脏前面损伤程度较深，累及脾门，并且大血管损伤或者伤者有心脏疾病，则伤者可能在短时间内死亡，但没有严格的时间界限。如果损伤程度较浅未累及脾门及脾门血管，则较短时间（1小时）内死亡的可能性较小。经现场测试，以肇事车辆的时速从事故地行驶至县人民医院约需10分钟。事故处理部门认定，宋某某酒后驾车应负事故的全部责任。本案现有证据仅表明被害人被撞外伤性脾破裂，但已无法查明被害人脾破裂是否伤及脾门，是否伴有脾门大血管破裂。

董某某后被园林局除名，欲报复，遂从丁某（在逃）处购买"炭疽粉"，用包裹寄送给该园林局人事处领导，包裹中含有一份信件，在信件上称此粉末为"炭疽粉",收到之日则是死期。领导大骇,通知园林局紧急停业,局所在大楼也被封闭,造成重大经济损失。但后经鉴定,"炭疽粉"其实系石灰粉。后两人均被抓获。

（案例来源：《刑事审判参考》第220号）

问题：（共23分）

1. 对董某某和宋某某的抢劫行为,能否适用累犯？能否适用缓刑？如果适用缓刑,能否适用禁止令？（6分）

2. 董某某的行为构成何罪？若有多种学说,请予以说明。（4分）

3. 宋某某致严某死亡的行为应当如何定性？为什么？（4分）

4. 董某某寄送"炭疽粉"的行为构成何罪？应当如何定性？若有多种学说,请予以说明。（9分）

☑ 核心考点

累犯　缓刑　禁止令　破坏交通设施罪　交通肇事罪　不能犯

✐ 答题区

```




































```

📖 解题思路

1. 本题涉及累犯、缓刑和禁止令的相关知识。

《刑法》第65条第1款规定，被判处有期徒刑以上刑罚的犯罪分子，刑罚执行完毕或者赦免以后，在5年以内再犯应当判处有期徒刑以上刑罚之罪的，是累犯，应当从重处罚，但是过失犯罪和不满18周岁的人犯罪的除外。董某某和宋某某在实施犯罪时不满18周岁，不能适用累犯的规定，只要两罪中有一个罪是在18周岁前实施的，就不成立累犯。

《刑法》第72条第1款规定，对于被判处拘役、3年以下有期徒刑的犯罪分子，同时符合下列条件的，可以宣告缓刑，对其中不满18周岁的人、怀孕的妇女和已满75周岁的人，应当宣告缓刑：①犯罪情节较轻；②有悔罪表现；③没有再犯罪的危险；④宣告缓刑对所居住社区没有重大不良影响。

两人在抢劫时不满 18 周岁，抢劫行为比较轻微，可适用缓刑。

对于两人可以适用禁止令。《刑法》第 76 条规定，对宣告缓刑的犯罪分子，在缓刑考验期限内，依法实行社区矫正。根据《刑法》第 72 条第 2 款的规定，人民法院宣告缓刑，可以根据犯罪情况，作出禁止令，即禁止犯罪分子在缓刑考验期限内从事特定活动，进入特定区域、场所，接触特定的人。

2. 本题考查盗伐林木罪和盗窃罪的区别。

城市道路两旁的行道树也可以成为盗伐林木罪的对象。盗伐林木罪，是指盗伐森林或者其他林木，数量较大的行为。但是盗伐不包括盗挖，盗伐行为造成的破坏不可逆转、无法恢复，所以其最终必然破坏生态环境。而本案被告人的盗挖行为虽然未经绿化行政主管部门审批，在一定程度上违反了有关城市绿化管理制度，但毕竟未终结树木生命，尚未对生态环境造成无法挽救的后果，因此其行为危害最主要体现在侵害了树木所有人的财产所有权。（**参见李波盗伐林木案，《刑事审判参考》总第 86 集**）因此，董某某的盗挖行为构成盗窃罪，由于他利用了不知情的他人实施盗窃行为，这属于盗窃罪间接正犯。

同时，在本案中对于买树人王某和周某，董某某的行为是否构成诈骗罪，这取决于买受人是否遭受了财物损失。

关于这个问题存在无权处分无效说和无权处分有效说两种观点。前者认为无权处分是无效的，故财物的买受人遭受了财物损失，对买受人构成诈骗罪，后者认为无权处分是有效的，故财物的买受人没有遭受财物损失，对买受人不构成诈骗罪。

3. 本题考查交通肇事罪的定性。

《刑法》第 133 条规定，违反交通运输管理法规，因而发生重大事故，致人重伤、死亡或者使公私财产遭受重大损失的，处 3 年以下有期徒刑或者拘役；交通运输肇事后逃逸或者有其他特别恶劣情节的，处 3 年以上 7 年以下有期徒刑；因逃逸致人死亡的，处 7 年以上有期徒刑。

交通肇事罪的基本刑是 3 年以下有期徒刑。但有两种加重犯罪构成，其刑罚也加重。

第一种加重犯罪构成，其刑罚幅度是 3 年以上 7 年以下有期徒刑，即交通运输肇事后逃逸或者有其他特别恶劣情节的。"交通运输肇事后逃逸"是指在发生交通事故后，为逃避法律追究而逃跑的行为，此处的交通事故必须达到犯罪程度。

第二种加重犯罪构成，其刑罚幅度是 7 年以上有期徒刑，即因逃逸致人死亡。《最高人民法院关于审理交通肇事刑事案件具体应用法律若干问题的解释》第 5 条第 1 款规定，"因逃逸致人死亡"，是指行为人在交通肇事后为逃避法律追究而逃跑，致使被害人因得不到救助而死亡的情形。

在判断因逃逸致人死亡时，要注意两点：

（1）在主观上，行为人对死亡结果持过失心态，当然行为人对逃避法律追究是故意的。如果行为人对死亡结果持故意心态，则不属于交通肇事罪。单纯的不救助一般只能推定为过失，只有积极的转移伤者等作为行为才可能推定为故意。

（2）在客观上，逃逸与死亡之间必须存在因果关系。因果关系是一种客观判断，把人撞伤，但误认为已经撞死，逃逸的，后被害人因无法得到救助而死亡，这依然属于逃逸致人死亡；把人撞死，但误认为只是撞伤，逃逸的，这是死亡后逃逸，而非逃逸致人死亡，这可能属于第一种加重犯罪构成"交通运输肇事后逃逸"的。

值得注意的是，上述司法解释第 6 条还规定："行为人在交通肇事后为逃避法律追究，将被害人带离事故现场后隐藏或者遗弃，致使被害人无法得到救助而死亡或者严重残疾的，应当分别依照刑法第 232 条、第 234 条第 2 款的规定，以故意杀人罪或者故意伤害罪定罪处罚。"但是，适用这个规定的前提是行为人基于故意杀人的心态来隐藏或者遗弃被害人。

在本案中，宋某某在交通肇事后即将被害人抱送附近诊所求治，并按医嘱速送被害人去县医院抢救，其后来遗弃被害人是在认为被害人已死亡的主观状态下作出的，本案现有证据无法证明被害人在被遗弃前确没有死亡，所以无法认定宋某某对死亡结果存在故意，故其行为不符合司法解释关于交通肇事转化为故意杀人的条件。因此不构成故意杀人罪。

同时，本案证据也无法证明被害人的死亡是因被遗弃无法得到救助而造成的，所以它也不符合"交通肇事后为逃避法律追究而逃跑，致使被害人因得不到救助而死亡的情形"。因为，无法排除在遗弃被害人之前，被害人就已经死亡这种情况。根据有疑问时有利于行为人的规则，对于宋某某的行为，应当适用"交通运输肇事后逃逸"。毕竟宋某某在发生交通事故后，为逃避法律追究而逃跑，且之前的交通事故已经达到犯罪程度，因此应当在 3 年以上 7 年以

下有期徒刑的幅度内量刑。（参见倪庆国交通肇事案，《刑事审判参考》第
220号）

4. 本题考查投放危险物质罪和投放虚假危险物质罪的区别。

《刑法》第291条之一第1款规定，投放虚假的爆炸性、毒害性、放射
性、传染病病原体等物质，或者编造爆炸威胁、生化威胁、放射威胁等恐怖信
息，或者明知是编造的恐怖信息而故意传播，严重扰乱社会秩序的，处5年以
下有期徒刑、拘役或者管制；造成严重后果的，处5年以上有期徒刑。

投放危险物质罪与投放虚假危险物质罪的区别在于，后者是明知是虚假危
险物质而投放。

在本案中，董某某主观上认为自己投放的是炭疽粉，而非明知自己投放的
是虚假的炭疽粉。所以，不构成投放虚假危险物质罪。

对于主观想投放危险物质，客观上投放了虚假的危险物质的行为，在刑法
理论上属于不能犯。有多种学说：

（1）抽象的危险说。该说以行为人认识的情况为基础，然后根据社会上
一般人的认识来判断，如果行为人认识的情况是真实的，是否对法秩序有侵犯
的危险。如果一般人认为行为人的行为有可能实现犯罪意图的，就成立未遂犯
（相对不能犯）；反之，没有可能实现犯罪的，就成立不可罚的不能犯（绝对
不能犯）。

（2）具体的危险说。它以行为人认识的情况为基础，根据行为时社会上
一般人认识来判断是否有侵犯法秩序的危险。有危险的，成立未遂犯（相对
不能犯）；无危险的，成立不可罚的不能犯（绝对不能犯）。

（3）客观的危险说。该说的宗旨主要是在行为发生后，也即事后再通过
科学的因果法则，由社会上一般人针对当时的情况，去客观评价行为人的行为
是否具有法益侵害的危险性。有危险性的，成立未遂犯（相对不能犯）；无危
险性的，就成立不可罚的不能犯（绝对不能犯）。

抽象危险说以行为人认识的情况为基础，也就是说，如果行为人认识的是
真实的，一般人是否觉得有危险。显然，在本案中，如果行为人认识的事实是
真实的（投放炭疽粉），一般人都会觉得有危险，故成立未遂犯。事实上，按
照抽象危险说，除了迷信犯以外，几乎所有的不能犯都属于相对的不能犯，都
应以未遂犯论处。

根据具体危险说，在本案中，一般人都会认为是炭疽粉，一般人也觉得有

侵犯法秩序的危险，故为可罚的未遂犯。

根据客观危险说，危险的判断应当按照事后的科学法则来判断，显然在本案中，从事后的科学法则来看，董某某的行为不可能侵犯法秩序，故不可罚。事实上，按照这种观点，所有的不能犯几乎都是绝对不能犯，不构成犯罪未遂。

我国刑法传统的观点是抽象危险说，根据这种传统的观点，董某某的行为构成投放危险物质罪的未遂，可以比照既遂从轻或减轻处罚。

答题要点

1. 董某某和宋某某在实施犯罪时不满18周岁，不能适用累犯的规定。《刑法》第65条第1款明确规定，过失犯罪和不满18周岁的人犯罪不适用累犯。只要两罪中有一个罪是在18周岁前实施的，就不成立累犯。（2分）

两人的抢劫行为比较轻微，可适用缓刑。根据《刑法》第72条第1款的规定，犯罪分子被判处拘役或者3年以下有期徒刑的刑罚，符合条件的，可以适用缓刑。同时，不满18周岁的人如果符合缓刑条件，应当适用缓刑。（2分）

对于两人可以适用禁止令。《刑法》第76条规定，对宣告缓刑的犯罪分子，在缓刑考验期限内，依法实行社区矫正。根据《刑法》第72条第2款的规定，人民法院宣告缓刑，可以根据犯罪情况，作出禁止令，即禁止犯罪分子在缓刑考验期限内从事特定活动，进入特定区域、场所，接触特定的人。（2分）

2. 董某某的盗挖行为构成盗窃罪，不构成盗伐林木罪（1分），属于间接正犯（1分）。同时，针对买受人，董某某的行为根据不同的学说，有可能构成诈骗罪。根据无权处分无效说，树木的买受人遭受了财物损失，对买受人构成诈骗罪；根据无权处分有效说，树木的买受人没有遭受财物损失，对买受人不构成诈骗罪。（2分）

3. 无法证明被害人在被遗弃前确没有死亡，所以无法认定宋某某对死亡结果存在故意，故其行为不构成故意杀人罪。（2分）

本案证据无法排除在遗弃被害人严某之前，严某就已经死亡这种情况，所以无法证明被害人的死亡是因被遗弃无法得到救助而造成的，所以不属于逃逸致人死亡，根据有疑问时有利于行为人的规则，对于宋某某的行为应当适用"交通运输肇事后逃逸"这个情节。应当在3年以上7年以下有期徒刑的幅度内量刑。（2分）

4. 在本案中，董某某主观上想投放危险物质，客观上实施了投放虚假的危险物质的行为，在刑法理论上属于不能犯。（2分）有多种学说：

抽象危险说以行为人认识的情况为基础，也就是说，如果行为人认识的是真实的，一般人是否觉得有危险。显然，在本案中，如果行为人认识的事实是真实的（投放炭疽粉），一般人都会觉得有危险，故成立未遂犯。事实上，按照抽象危险说，除了迷信犯以外，几乎所有的不能犯都属于相对的不能犯，都应以未遂犯论处。（2分）

根据具体危险说，在本案中，一般人都会认为是炭疽粉，一般人也觉得有侵犯法秩序的危险，故为可罚的未遂犯。（2分）

根据客观危险说，危险的判断应当按照事后的科学法则来判断，显然在本案中，从事后的科学法则来看，董某某的行为不可能侵犯法秩序，故不可罚。事实上，按照这种观点，所有的不能犯几乎都是绝对不能犯，不构成犯罪未遂。（2分）

我国刑法传统的观点是抽象危险说，根据这种传统的观点，董某某的行为构成投放危险物质罪的未遂，可以比照既遂从轻或减轻处罚。（1分）

热点案例八 张某掉包布料案

[案情] 2015年12月，张某成立立康生物技术有限公司（以下简称"立康公司"）。2015年至2016年，立康公司使用 X 卫食新字（2008）第0247号的食品批准文号，采用私自在生产的中药中添加治疗糖尿病的格列苯脲、苯乙双瓜等西药的方法，大量生产胰复康、消糖康胶囊系列产品，并利用网络虚假宣传药品疗效，销售金额达人民币834 753元。公司经营期间，被告人杨某收到立康公司支付的广告费5万元，并且在知道立康公司的药品没有疗效的情况下，依然为立康公司提供网络推广，经常在数千个超过百人的微信群组和QQ群中为立康公司发帖推广。

2016 年 7 月，杨某在立康公司前台翻阅信件，查看是否有本人申领的银行信用卡时，发现了寄给任某（2016 年年底辞职）的浦发银行信用卡信件，便趁前台工作人员不备，将信件带走。随后，杨某通过拨打银行服务电话，提供信件中银行卡卡号、初始密码及身份资料等信息将该信件内银行卡激活后，先后用该卡提取现金、刷卡消费共计人民币（以下币种同）11 900 元。同时，杨某还以委托他人制作的孙某的假身份证骗领户名为孙某的招商银行信用卡，并用被害人孙某的身份刷卡套现，共计 1 万元。

2016 年 7 月左右的一天，张某找到杨某，问杨某能否买到享受政府补贴的久保田牌插秧机，如果可以，其可加价大量收购，并告知杨某如何规避检查等。根据规定，购买政府补贴的农机的买方必须是本地农户并且每人限购 1 台，2 年内不得转让。杨某随即找到本地农户胡某等四人帮忙，并许诺给每人 500 元好处费。同年 8 月 1 日，杨某通过胡某四人签订补贴协议，以每台 7000 元的价格购买了 4 台久保田牌插秧机（该机市场价每台为 19 000 元，政府每台补贴 12 000 元）。之后，杨某以每台 9000 元的价格卖给了张某，张某又以每台 13 500 元的价格倒卖至外地。

2017 年 1 月，张某在德清恒运纺织有限公司收购碎布料期间，经事先商量，采用事先偷偷在运输车辆上装入 1.5 吨重的石头，同纺织公司员工林祥云一起给"空车"过磅，随后偷偷把石头卸掉才去装载碎布料，再同林祥云一起满载车辆过磅，然后根据两次过磅结果计算车上碎布料重量，再和林祥云进行现金交易的方法，在林祥云没有察觉的情况下，每次交易均从德清恒运纺织有限公司额外多运走 1.5 吨碎布料。张某采用上述方法，先后 7 次骗得碎布料共计 10.5 吨，共计价值人民币 5.25 万元。

2021 年 4 月，张某向刘某购买毒品吸食，便衣警察黄某路过，见状抓住刘某，刘某知道黄某是警察，但骗张某说，这个人坏透了，老是冒充警察敲竹杠，兄弟帮我教训教训他。张某遂和刘某一起把黄某打伤在地，黄某受轻伤。

（案例来源：《刑事审判参考》第 874、1056 号）

问题：（共 21 分）

1. 杨某利用网络为他人生产、销售假药提供宣传的行为应当如何定

性？为什么？（4分）

2. 杨某获取他人信用卡信件并激活信用卡使用的行为应当如何处理？为什么？（2分）

3. 杨某用他人的身份证骗领信用卡并使用的行为应当如何处理？为什么？（3分）

4. 张某和杨某骗购农机的行为构成何罪？（4分）

5. 如果公诉机关以财政部、农业部联合下发的《农业机械购置补贴专项资金使用管理暂行办法》（已失效）所规定的"农户自购买享受补贴的农机具之日起，原则上2年内不得转卖或者转让"为由，主张上述骗购农机行为触犯非法经营罪，这种意见是否可以采纳？为什么？（2分）

6. 张某的行为构成何罪？若有多种学术观点，请予以说明。（2分）

7. 张某和刘某的行为应当如何处理？（4分）

▶ 核心考点

生产、销售假药罪　网络犯罪　信用卡诈骗罪　合同诈骗罪　非法经营罪
集资诈骗罪

✎ 答题区

📝 解题思路

1. 本题涉及网络犯罪与生产、销售假药罪共同犯罪的关系问题。

《最高人民法院、最高人民检察院关于办理危害药品安全刑事案件适用法律若干问题的解释》第 8 条规定，明知他人生产、销售假药、劣药，而有下列情形之一的，以共同犯罪论处：①提供资金、贷款、账号、发票、证明、许可证件的；②提供生产、经营场所、设备或者运输、储存、保管、邮寄、网络销售渠道等便利条件的；③提供生产技术或者原料、辅料、包装材料、标签、说明书的；④提供广告宣传等帮助行为的。

根据这个司法解释，杨某利用网络为他人生产、销售假药提供宣传，构成生产、销售假药罪的共同犯罪，属于从犯，应当从轻、减轻或免除处罚。

《刑法修正案（九）》增加了帮助信息网络犯罪活动罪，修正案所增设的《刑法》第 287 条之二规定："明知他人利用信息网络实施犯罪，为其犯罪提供互联网接入、服务器托管、网络存储、通讯传输等技术支持，或者提供广告推广、支付结算等帮助，情节严重的，处 3 年以下有期徒刑或者拘役，并处或者单处罚金。单位犯前款罪的，对单位判处罚金，并对其直接负责的主管人员和其他直接责任人员，依照第 1 款的规定处罚。有前两款行为，同时构成其他犯罪的，依照处罚较重的规定定罪处罚。"

由于杨某的行为发生在《刑法修正案（九）》生效之后，所以根据这个规定，杨某的行为还构成帮助信息网络犯罪活动罪。

帮助信息网络犯罪活动罪是一种非实行行为帮助犯的实行化，一般说来，当非实行行为实行化后，也就无需再适用总则有关预备犯、帮助犯、教唆犯的处罚规定。如甲帮助恐怖犯罪组织，但被帮助的组织还没有开始实施恐怖活动时，甲已构成帮助恐怖组织罪的既遂，不能按照共犯从属说的规定，认为甲不构成犯罪，也不能认为其成立帮助恐怖组织罪的未遂，当然也无需适用组织恐怖组织罪的从犯的处罚规定。

但是，如果某种非实行行为的实行化并非某种特定犯罪的预备、帮助或教唆的实行化，而是针对非特定的犯罪，那么就并非完全排除适用总则的相关处罚规则，这可以称为不纯正的非实行行为的实行化。帮助信息网络犯罪活动罪就属于这种现象。比如甲为他人的网络诈骗提供支付结算帮助，使得他人骗取多名被害人 100 余万元的金钱。此时，甲的行为不仅构成《刑法》第 287 条之二的帮助信息网络犯罪活动罪，而且构成诈骗罪的从犯，应当从一重罪处罚。

因此，杨某的行为既构成帮助信息网络犯罪活动罪，还构成生产、销售假药罪的从犯，应当从一重罪论处。

2. 本题考查盗窃罪和信用卡诈骗罪的区分问题。

根据《刑法》第196条第3款的规定，盗窃信用卡并使用的，依照《刑法》第264条（盗窃罪）的规定定罪处罚。

"盗窃信用卡并使用"是一种特殊的盗窃罪，对其的认定包括两个步骤：

首先，盗窃信用卡不包括盗窃伪造的信用卡并使用，也不包括盗窃信用卡信息资料，在网上银行和电话银行使用，这两种情况都应以信用卡诈骗罪论处。

其次，使用该盗窃的信用卡。"使用"指必须按照信用卡的通常用途使用。

在本案中，争论的焦点在于未被激活的信用卡是否属于"盗窃信用卡并使用"的调整范围。《全国人民代表大会常务委员会关于〈中华人民共和国刑法〉有关信用卡规定的解释》明确规定，刑法规定的"信用卡"，是指由商业银行或者其他金融机构发行的具有消费支付、信用贷款、转账结算、存取现金等全部功能或者部分功能的电子支付卡。当然，该卡应当是真实、有效的。

本题的原型是王立军等信用卡诈骗案（《刑事审判参考》第874号），指导意见认为：发卡行邮寄给申领人的信封中的卡片因未激活，还不具备信用卡的基本功能，属于广义上的无效卡范畴，故盗窃未激活的信用卡超出了《刑法》第196条第3款规定的"信用卡"外延。

因此，杨某的行为构成信用卡诈骗罪。

3. 本题考查信用卡诈骗罪的认定。

《刑法》第196条第1款规定了四种信用卡诈骗的行为方式：①使用伪造的信用卡，或者使用以虚假的身份证明骗领的信用卡的；②使用作废的信用卡的；③冒用他人信用卡的；④恶意透支的。

杨某以委托他人制作的孙某的假身份证骗领户名为孙某的招商银行信用卡，并用被害人孙某的身份刷卡套现，这属于"使用以虚假的身份证明骗领的信用卡"，构成信用卡诈骗罪。

同时，根据《刑法修正案（五）》的规定，《刑法》在第177条之一增加了一个妨害信用卡管理罪，使用虚假的身份证明骗领信用卡是其中的一种行为方式。

因此杨某以假身份证骗领信用卡并使用的行为既触犯妨害信用卡管理罪，又触犯信用卡诈骗罪，应当从一重罪，以信用卡诈骗罪论处。

4. 本题考查诈骗罪和合同诈骗罪的区分。

一般认为，合同诈骗罪与诈骗罪的区分有两点：

首先，在客体上，合同诈骗罪属于扰乱市场秩序罪，构成该罪不仅要侵犯他人的财产权，还要侵犯社会主义市场经济秩序，因此合同诈骗罪中的"合同"必须与市场秩序有关，与市场秩序无关的合同，如不具有交易性质的赠与合同以及婚姻、监护、收养等有关身份关系的合同，劳动合同、行政合同等，一般不属于合同诈骗罪中的"合同"。

其次，在客观方面上，合同诈骗罪中的"合同"在诈骗中起关键作用，如果合同仅仅是一个幌子，则应认定为诈骗罪。

根据《刑法》第 224 条的规定，合同诈骗罪的特征是"在签订、履行合同过程中，骗取对方当事人财物"。本案中，杨某和胡某以符合农机补贴条件的农民名义，与农机销售商签订农机购买合同，农机销售商按照农机市场价收取了购机款，可见，农机销售商没有被诈骗。行为人诈骗的对象不是购买合同的一方当事人——农机销售商，也不是另一方当事人——农户，而是国家。

在本案中，骗取国家的农机购置补贴款并未侵犯市场交易秩序，所以不能以合同诈骗罪论处。

本案的原型是陈景雷等合同诈骗案（《刑事审判参考》第 1056 号），指导意见认为：合同诈骗罪中的"合同"必须能够体现一定的市场秩序，与市场秩序无关以及主要不受市场调整的各种"合同""协议"，通常情况下不应视为合同诈骗罪中的"合同"。以农户名义与农机主管部门签订的购机补贴协议不受市场秩序制约，不属于合同诈骗罪中的"合同"。

在本案中，被告人主观上具有非法占有的目的，两人的行为构成诈骗罪。被告人主观上是为了低价购得农机具并倒卖来骗取国家的农机购置补贴款。被告人采取了欺骗的手段使作为被害人的国家受到了欺骗。农机主管部门并不知道向其申请购买享受政府补贴的农机的主体，即不知道真正购买享受政府补贴的是不符合农机补贴条件的被告人。总之，这种以非法占有为目的，采取欺骗手段，以符合农机补贴条件的农民名义与农机主管部门签订购机补贴协议，以低价购得农机具并出售，骗取国家的农机购置补贴款的行为，构成诈骗罪。（参见《刑事审判参考》第 1056 号）

5. 本题考查非法经营罪的认定。

《刑法》第225条规定，违反国家规定，有下列非法经营行为之一，扰乱市场秩序，情节严重的，处5年以下有期徒刑或者拘役，并处或者单处违法所得1倍以上5倍以下罚金；情节特别严重的，处5年以上有期徒刑，并处违法所得1倍以上5倍以下罚金或者没收财产：①未经许可经营法律、行政法规规定的专营、专卖物品或者其他限制买卖的物品的；②买卖进出口许可证、进出口原产地证明以及其他法律、行政法规规定的经营许可证或者批准文件的；③未经国家有关主管部门批准非法经营证券、期货、保险业务的，或者非法从事资金支付结算业务的；④其他严重扰乱市场秩序的非法经营行为。

《刑法》第96条规定，《刑法》所称违反国家规定，是指违反全国人民代表大会及其常务委员会制定的法律和决定，国务院制定的行政法规、规定的行政措施、发布的决定和命令。

显然，财政部、农业部联合下发的《农业机械购置补贴专项资金使用管理暂行办法》（已失效）不属于《刑法》第225条的"国家规定"。行为人的行为不构成非法经营罪，公诉机关的意见不能采纳。

6. 本题考查盗窃罪与诈骗罪的区分。

盗窃罪与诈骗罪的核心区别在于是否存在处分意思。关于处分意思，在学说上有抽象处分说和具体处分说的争论。前者认为处分者只需对财产的属性有抽象的认识即可，而后者认为处分者必须对财产性质、种类、数量、价值有具体的认识。如甲在商场购物时，在方便面箱子中装上照相机，最后以买方便面的钱获得了照相机。无论是按照抽象处分说，还是具体处分说，被害人都无处分意图，都应以盗窃罪论处，这没有争议。但如甲在商场购物时，在一个3万元的照相机上贴上了3000元的条形码，最后以3000元买了原本3万元的照相机。按照抽象处分说，被害人知道自己在处分照相机，具备处分意图，这仍然属于诈骗；按照具体处分说，被害人由于缺乏对财物具体价值的认识，故无处分意图，甲的行为构成盗窃罪，而非诈骗罪。这在2018年主观题中作为观点展示类试题考查过。

在本案中，如果按照抽象处分说，被害人林祥云在处分布料，因此张某构成诈骗罪。但如果按照具体处分说，被害人对于多余处分的布料没有处分意思，因此构成盗窃罪。

7. 本题考查假想防卫和袭警罪的相关问题。

无论是袭警罪还是妨害公务罪，都必须明知是有关人员执行公务，如果不知对方是在执行公务，则不构成此罪，但有可能属于假想防卫。假想防卫意指：如果没有发生不法侵害，行为人误以为发生了不法侵害，采取了自以为是正当防卫行为的，属于假想防卫。通说认为，假想防卫不是正当防卫，通常按过失犯罪处理；如果确实没有过失的，则按意外事件处理。

假想防卫是一种责任降低事由，因此它是符合袭警罪的构成要件且具备违法性（不法），只是在责任层面从故意犯罪降格为过失或无罪过事件。因此，假想防卫的利用人和假想防卫人可以在袭警罪的不法论中成立共同犯罪，只是张某作为假想防卫人出现了责任降低事由。一如教唆盗窃者进行销赃也可以构成掩饰隐瞒犯罪所得罪，因为盗窃者本犯的销赃行为属于缺乏期待可能性的责任阻却事由，但不影响教唆者和盗窃本犯在掩饰隐瞒犯罪所得罪的不法论中成立共同犯罪。

▶ 答题要点

1. 杨某利用网络为他人生产、销售假药提供宣传，构成生产、销售假药罪的共同犯罪（2分），属于从犯，应当从轻、减轻或免除处罚（1分）。杨某的行为还构成帮助信息网络犯罪活动罪，应当从一重罪论处。（1分）

2. 未被激活的信用卡不属于"盗窃信用卡并使用"的调整范围，只有真实、有效的信用卡才属于"盗窃信用卡并使用"中的信用卡，所以，杨某的行为不构成盗窃罪，而是成立信用卡诈骗罪。（2分）

3. 杨某以委托他人制作的孙某的假身份证骗领户名为孙某的招商银行信用卡，并用被害人孙某的身份刷卡套现，属于"使用以虚假的身份证明骗领的信用卡"，构成信用卡诈骗罪。（2分）

同时，其行为还触犯妨害信用卡管理罪，从一重罪，应当以信用卡诈骗罪论处。（1分）

4. 骗取国家的农机购置补贴款并未侵犯市场交易秩序，所以不能以合同诈骗罪论处。（2分）被告人主观上以非法占有为目的，低价购得农机具倒卖来骗取国家的农机购置补贴款，让国家受到了欺骗，并遭受了财物损失，其行为构成诈骗罪。（2分）

5. 构成非法经营罪的前提条件是必须"违反国家规定"，但是《刑法》

中的国家规定有着严格的标准，财政部、农业部联合下发的《农业机械购置补贴专项资金使用管理暂行办法》（已失效）不属于《刑法》第225条的"国家规定"。公诉机关的意见不能采纳。（2分）

6. 对于本案有抽象处分说和具体处分说两种立场。如果按照抽象处分说，被害人林祥云在处分布料，因此张某构成诈骗罪。但如果按照具体处分说，被害人对于多余处分的布料没有处分意思，因此构成盗窃罪。（2分）

7. 张某的行为属于假想防卫，不构成袭警罪，同时由于过失不处罚轻伤，所以张某不构成犯罪。（2分）但是刘某利用了张某的假想防卫，按照阶层论的犯罪构成理论，两人在袭警罪的构成要件和违法性中成立共同犯罪，但是张某出现了责任降低事由，所以刘某单独构成袭警罪。（2分）

 热点案例九　刘某抢劫婴儿案

[**案情**] 2010年8月8日23时许，被告人刘某将被害人唐某骗至其位于某市的一出租房内，穿插使用暴力殴打、持刀威胁、用竹签及针刺戳等手段逼迫唐某打电话向朋友筹集现金人民币（以下币种同）20万元，因唐某未筹到钱，刘某只好逼迫唐某写下20万元的欠条。期间，刘某还两次违背唐某意志，强行与唐某发生性关系。次日17时30分许，唐某因无法忍受刘某不停地暴力折磨，趁刘某不注意爬上窗台跳楼逃离，造成右股骨上段、左耻骨上肢、左坐骨支骨等多处严重骨折。经鉴定，唐某损伤程度已构成重伤。刘某后逃至上海。

刘某与夏某同在上海从事房屋中介工作。因经济拮据，刘某起意以南非籍华人毕某之子为绑架目标，向毕某勒索钱财200万美元。刘某、夏某事前踩点调查，2010年10月某天，两人携带作案工具，驾车前往毕家所住大楼地下车库，夏某负责望风，刘某冒充物业人员以检查热水器之名进入毕家欲绑架毕某之子，适逢毕家有成年男子在场而未能成功。同年11月8日，两人再次实施绑架行为，但又因在毕家走廊遭他人盘问而未能得逞。

因两次绑架毕某之子未果，两人经预谋决定将作案目标改为驾驶高档轿车的人，意图将被害人带到某地出租房，逼问出其随身携带的银行卡密码，再让被害人告知家人其去了外地，要求家人汇钱至银行卡，后去银行ATM机取款，并将作案地点定为上海市浦东新区高档社区停车场。2010年11月15日下午，两人驾车至浦东新区金桥镇一停车场伺机作案。当晚10时许，适逢被害人燕某停车离开其驾驶的奥迪Q5越野车（价值人民币612 398元），刘某、夏某即采用捂嘴、用塑料胶带封口、眼及捆绑四肢等方法将燕某拖入奥迪车内，随即开车至浦星公路一偏僻处，搜走燕某随身携带的现金人民币1000余元及手机。夏某按照刘某指令将奥迪车开往浦东机场方向丢弃。两人后驾车劫持燕某前往出租房，途中向燕某索要钱款和银行卡，因发现燕某随身无银行卡，怕事情暴露，决定杀害燕某。两人遂用塑料胶带封堵燕某的口鼻，合力用毛巾将燕某勒死，最后将尸体装入编织袋抛入钱塘江中。

刘某、夏某在某地安顿，发现可以利用伪基站发送短信赚钱。两人驾驶轿车先后在多地，通过藏匿在该车后备厢中的伪基站，假冒中国农业银行的95599客服电话号码和中国建设银行的95533客服电话号码，大量发送以扣除年费、提升信用卡透支额度为内容的短信，诱使被害人回电，进而套取被害人信用卡卡号、密码及短信验证码，然后取走被害人银行卡中的财物，共89 940元。

刘某和夏某在逃跑过程中，听说男婴在闽南可卖到人民币数万元。两人便谋划搞些孩子来卖，2010年11月20日，两人驾车进入某村，看到吴某推着婴儿车，刘某假装问路，乘吴某不备，夏某立即把躺在婴儿车上的男婴抱走。两人迅速驾车欲逃离当地。吴某大呼"有人抢孩子了，有人抢孩子了"，两人大骇，遂倒车将吴某撞死，然后逃离现场。

22日1时许，公安人员将两人抓获，将男婴解救。

（案例来源：《刑事审判参考》第814号）

问题：（共24分）

1. 刘某是否应当对唐某的重伤后果承担刑事责任？如果承担，应当以

何罪归责？（5分）

2. 刘某与夏某绑架毕某之子的行为应当如何定性？如果构成犯罪，应当适用何种量刑情节？（4分）

3. 刘某和夏某将燕某劫走并杀害的行为应当如何定性？为什么？（4分）

4. 夏某将奥迪车丢弃的行为应当如何评价？为什么？（3分）

5. 两人利用伪基站获取财物的行为如何定性？（2分）

6. 两人将孩子抱走的行为应当如何定性？是否具备法定的加重处罚情节？（4分）

7. 两人致吴某死亡的行为应当如何评价？为什么？（2分）

▣ 核心考点

强奸罪　抢劫罪　绑架罪　故意毁坏财物罪　拐卖儿童罪

✐ 答题区

```
----------------------------------------------------------------
----------------------------------------------------------------
----------------------------------------------------------------
----------------------------------------------------------------
----------------------------------------------------------------
----------------------------------------------------------------
----------------------------------------------------------------
----------------------------------------------------------------
----------------------------------------------------------------
----------------------------------------------------------------
----------------------------------------------------------------
----------------------------------------------------------------
----------------------------------------------------------------
----------------------------------------------------------------
```

▶ 解题思路

1. 本题涉及强奸罪与抢劫罪结果加重犯的认定问题。

强奸致人重伤和抢劫致人重伤分别是强奸罪和抢劫罪的结果加重犯。对于结果加重犯，刑法理论认为，结果加重犯是指行为人故意实施一个基本犯罪构成要件的行为，由于发生了严重结果，而加重其法定刑的情况。如故意伤害罪，其基本犯罪构成是发生轻伤结果，但如发生重伤结果，就要适用加重刑罚。

在结果加重犯中，基本犯罪与加重犯罪间存在因果关系。在本案中，唐某跳楼是一种介入因素，如果前行为高概率引起了介入因素，自然可以肯定介入因素从属于前行为，前行为与后结果也就存在刑法上的因果关系。在本案中，唐某因无法忍受刘某不停地暴力折磨而跳楼，在经验法则上唐某的选择与刘某不停地暴力折磨具有高概率关系，因此刘某应当对唐某的重伤结果承担刑事责任。

本案的原型是《刑事审判参考》第 814 号刘某强奸、抢劫案，指导意见指出：在抢劫、强奸等暴力犯罪中，行为人实施的暴力行为通常会引起被害人的反抗或者逃离行为。本案中，被害人唐某作为一名女性，独自面对身体素质远强于自己的刘某，在刘某不停地对其实施一系列殴打、强奸等暴力行为的情况下，其跳楼逃离的行为符合常识、常情。我们认为，唐某在刘某已将房门反锁的情况下为躲避侵害只有跳楼逃跑一条途径。换言之，在此情况下，刘某的暴力侵害行为与唐某的介入行为（跳楼逃离行为）之间存在必然关联性，由此造成的被害人重伤后果与刘某的暴力行为之间存在必然、直接的联系，刘某的暴力行为能够合乎规律地引发唐某的跳楼逃跑行为，唐某的跳楼逃离行为未中断刘某的暴力行为与唐某重伤后果之间刑法上的因果关系。因此，刘某应当对唐某逃离过程中造成的重伤结果承担刑事责任。

在本案中，刘某多次实施强奸行为，这些强奸行为是穿插在抢劫行为之间的，因此强奸行为与抢劫行为都与唐某的跳楼有着密切关系。从一般人的角度来看，唐某之所以选择跳楼，既是为了避免再次遭受强奸，也是为了避免遭受抢劫。因此，重伤与抢劫和强奸都有因果关系，无论是仅评价为强奸致人重伤，还是仅评价为抢劫致人重伤，都没有做到罪刑相适应。

对此，指导意见也认为：本案属于多因一果情形，唐某的重伤后果与刘某的抢劫行为、强奸行为都有刑法上的因果关系，将重伤后果在抢劫罪、强奸罪中分别予以评价，不属于重复评价情形。

《两抢意见》第 10 条规定，抢劫罪侵犯的是复杂客体，既侵犯财产权利又侵犯人身权利，具备劫取财物或者造成他人轻伤以上后果两者之一的，均属抢劫既遂；既未劫取财物，又未造成他人人身伤害后果的，属抢劫未遂。

根据这个司法解释，只有认为在本案中抢劫对重伤有贡献力，才可以评价为抢劫罪的既遂，否则因为本案刘某没有实际获取财物，就只能认定其构成抢劫罪的未遂，而这显然是不公平的。因此，本案的刘某既构成强奸致人重伤，又成立抢劫致人重伤。刘某的行为具备两个加重情节，对其应当数罪并罚。

2. 本题考查绑架罪的既遂、未遂问题。

索财型绑架只要将被绑架人置于行为人或第三人控制之下，或者向被绑架人的近亲属等人发出要求支付财物的意思，就成立既遂，不需要财物被实际支付。人质型绑架只要实际控制人质，就成立既遂。

在本案中，两人两次实施绑架毕某之子的行为，但都没有实际控制被绑架人，鉴于其已经着手实施犯罪，对法益有现实性侵犯的危险，但没有完全实现绑架罪的犯罪构成要件，所以属于绑架罪的未遂，可以比照既遂从轻或减轻处罚。

2009 年通过的《刑法修正案（七）》在第 6 条对绑架罪的法定刑中增设了如下规定："情节较轻的，处 5 年以上 10 年以下有期徒刑，并处罚金。"

但是，《刑法》总则规定的犯罪预备、未遂、中止等从轻、减轻情节不应适用绑架罪"情节较轻"条款。

3. 本题考查绑架罪、抢劫罪和故意杀人罪的关系。

本题考查的第一个知识点是绑架罪和抢劫罪的区分。

《两抢意见》第 9 条第 3 款规定，绑架罪是侵害他人人身自由权利的犯罪，其与抢劫罪的区别在于：①主观方面不尽相同。抢劫罪中，行为人一般出于非法占有他人财物的故意实施抢劫行为，绑架罪中，行为人既可能为勒索他人财物而实施绑架行为，也可能出于其他非经济目的实施绑架行为。②行为手段不尽相同。抢劫罪表现为行为人劫取财物一般应在同一时间、同一地点，具有"当场性"；绑架罪表现为行为人以杀害、伤害等方式向被绑架人的亲属或其他人或单位发出威胁，索取赎金或提出其他非法要求，劫取财物一般不具有"当场性"。

根据司法解释，可以发现，绑架罪与抢劫罪的区别非常细微。一般说来，绑架罪发生在三方当事人之间，存在绑架人、被绑架人、被勒索人，被绑架人与被勒索人是不同的；而抢劫罪发生在双方当事人之间，财物给付人与被抢人具有同一性。同一性判断有时只能从主观出发，即看主观上是否具有涉及第三人的目的。具体说来，绑架罪必须有向第三人勒索财物的目的，而抢劫罪不具有涉及第三方的目的。绑架人这种目的不需要有客观要素与之对应，换言之，只要行为人具有勒索第三人的目的，即便被勒索人没有感觉到受到了勒索，也可成立绑架。如果行为人没有针对第三方的目的，即便财物实际是第三方交付的，也只能认为被抢人与交付财物人具有同一性，而成立抢劫。

在本案中，两人预谋将作案目标改为驾驶高档轿车的人，意图将被害人带到出租房，逼问出其随身携带的银行卡密码，再让被害人告知家人其去了外地，要求家人汇钱至银行卡，后去银行 ATM 机取款。所以，两人并未以杀害、伤害燕某等方式向其亲友勒索财物，没有勒索第三人的目的。因此不构成绑架罪，只构成抢劫罪。

本题考查的第二个知识点是抢劫罪和故意杀人罪的区分。

《最高人民法院关于抢劫过程中故意杀人案件如何定罪问题的批复》中规定，行为人为劫取财物而预谋故意杀人，或者在劫取财物过程中，为制服被害人反抗而故意杀人的，以抢劫罪定罪处罚。行为人实施抢劫后，为灭口而故意杀人的，以抢劫罪和故意杀人罪定罪，实行数罪并罚。

在本案中，两人劫取燕某钱财后为灭口杀害燕某的行为，属于上述批复所说的抢劫后故意杀人的行为。应当以抢劫罪和故意杀人罪定罪，实行数罪并罚。

4. 本题考查占有型犯罪和破坏型犯罪的关系。

按照行为人是否在乎财物的使用价值，财产犯罪可以分为占有型和破坏型。前者是非法占有财物的犯罪，所谓非法占有，是指排除权利人而将他人的财物当做自己的所有物，并按其本来用途进行利用或处分。而后者是毁坏了财物的使用价值。

在本案中，两人劫夺他人的奥迪车并开到他处抛弃的行为具有排除意思，排除了权利人的占有，但并未毁坏财物的使用价值，所以具备非法占有的目的，该车可以评价为抢劫罪的数额，两人构成抢劫罪，不构成故意毁坏财物罪。

5. 本题考查诈骗类犯罪的认定问题。

根据《最高人民法院、最高人民检察院关于办理妨害信用卡管理刑事案件具体应用法律若干问题的解释》（以下简称《办理妨害信用卡管理刑案解释》）的规定，下列情况属于"冒用他人的信用卡"：拾得他人信用卡并使用的；骗取他人信用卡并使用的；窃取、收买、骗取或者以其他非法方式获取他人信用卡信息资料，并通过互联网、通讯终端等使用的；其他冒用他人信用卡的情形。

本案属于窃取他人信用卡信息资料，并通过互联网、通讯终端等使用的情形，根据司法解释，构成信用卡诈骗罪。

6. 本题考查拐卖儿童罪及其加重情节的认定。

拐卖儿童罪是抽象危险犯，不以实际出卖为必要，只要以出卖为目的，实施了拐骗、绑架、收买、贩卖、接送、中转妇女、儿童行为之一的，就属于既遂。

两人虽然未将孩子实际卖出，但也成立拐卖儿童罪的既遂。

同时，《刑法》第240条第1款规定的拐卖妇女、儿童罪有8种加重情节，其中第5项是"以出卖为目的，使用暴力、胁迫或者麻醉方法绑架妇女、儿童的"，第6项是"以出卖为目的，偷盗婴幼儿的"。比较这两项，第5项强调的是以暴力强制的方式获得妇女和儿童，而第6项则是以平和的方式获得婴幼儿。

对此，《最高人民法院关于审理拐卖妇女儿童犯罪案件具体应用法律若干问题的解释》第1条规定，对婴幼儿采取欺骗、利诱等手段使其脱离监护人或者看护人的，视为《刑法》第240条第1款第6项规定的"偷盗婴幼儿"。

在本案中，两人采取暴力夺取儿童的方式来实施拐卖，所以属于"以出卖为目的，使用暴力、胁迫或者麻醉方法绑架妇女、儿童的"这种加重情节，应当在加重量刑幅度内量刑（处10年以上有期徒刑或者无期徒刑，并处罚金或者没收财产；情节特别严重的，处死刑，并处没收财产）。

7. 本题考查拐卖致人死亡的认定。

造成被拐卖的妇女、儿童或者其亲属重伤、死亡或者其他严重后果的，是拐卖妇女、儿童罪的加重情节之一，这是指拐卖行为直接或间接地造成被拐妇女、儿童或亲属重伤、死亡或者其他严重后果，如采取捆绑、虐待手段导致严重结果，又如拐卖行为导致被害人或亲属自杀或精神失常。如果在拐卖妇女、儿童过程中，对被害人进行故意杀害、重伤，则应认定为数罪，将故意杀人罪、故意伤害罪与拐卖妇女、儿童罪实行并罚。

在本案中，两人将吴某撞死的行为并非拐卖行为本身所导致，应当单独评价为故意杀人罪，和拐卖儿童罪实施数罪并罚。

▶ 答题要点

1. 唐某为了避免被强奸和抢劫，选择跳楼，因此，重伤与抢劫和强奸都有因果关系。（2分）因此，本案的刘某既构成强奸致人重伤，又成立抢劫致人重伤。（2分）具备两个加重情节，应当数罪并罚。（1分）

2. 两人实施绑架毕某之子的行为，没有实际控制被绑架人，但已经着手实施绑架，属于绑架罪的未遂（2分），可以比照既遂从轻或减轻处罚（1分）。但法定的未遂量刑情节不适用"情节较轻"的绑架。（1分）

3. 两人控制燕某，并没有以杀害、伤害燕某等方式向其亲友勒索财物，不具有勒索第三人的目的，因此不构成绑架罪，只构成抢劫罪。（2分）同时，两人劫取燕某钱财后为灭口杀害燕某，应当以抢劫罪和故意杀人罪实行数罪并罚。（2分）

4. 两人劫夺他人的奥迪车并开到他处抛弃的行为具备非法占有的目的，该车的价值可以计算为抢劫罪的数额，不构成故意毁坏财物罪。（1分）所以两人的抢劫属于抢劫数额巨大，系抢劫罪的加重情节。（2分）

5. 两人利用伪基站获取他人信用卡信息，并在通讯终端使用，构成信用卡诈骗罪。（2分）

6. 两人虽然未将孩子实际卖出，但也成立拐卖儿童罪的既遂。（2分）由于两人采取暴力夺取儿童的方式来实施拐卖，所以属于"以出卖为目的，使用暴力、胁迫或者麻醉方法绑架妇女、儿童的"这种加重情节，应当在加重量刑幅度内量刑。（2分）

7. 两人将吴某撞死的行为并非拐卖行为本身所导致，应当单独评价为故意杀人罪，和拐卖儿童罪实施数罪并罚。（2分）

热点案例十 黄某入户抢劫案

[案情] 2011年6月至8月，由于公司工作人员疏于修改人事系统的原始密码，被告人黄某利用在某股份有限公司工作的便利，轻松获取账号和原始密码后，非法登录公司内部未联网计算机的人事系统，将公司其他员工工资卡号改为其持有的银行账号，获取公司工资款合计人民币（以下币种同）25 862元。

2013年1月，黄某搭乘王五驾驶的黑车前往某地，在到达目的地之后，黄某认为王五的要价高，商谈许久，黄某为了能够降低500元车费，就通过假装给交通局同事打电话的方式冒充交通局工作人员，声称自己搭乘了黑车，让同事赶到现场。王五信以为真，为了躲避处罚，弃车而逃。王五逃了一段路之后，觉得罚款金额不会超过汽车的价值，而且交通局也不管黑车，就折回去找自己的车，发现黄某已经将自己的车开走了，王五遂报案。

2014年1月，黄某和张某，雇乘出租车行至一偏僻处，对该车驾驶员孙某进行殴打、持刀威胁等暴力行为，抢走孙某的手提电话（价值人民币1350元）、现金人民币300余元以及出租车的有关营运证件。黄某、张某觉得钱少，又以孙某曾经拉载他们多收取了20元车费为由，强迫孙某答应"赔偿"人民币3000元。孙某表示只有到市区的家里才能拿钱给他们。两人即驾驶该出租车随孙某前往市区取钱。由于该出租车中途出故障，两人又挟持孙某另雇出租车，来到孙某之兄孙坛开办的餐馆处。两人向孙坛谎称孙某开车时撞到了人送医院抢救需要交押金，孙坛信以为真，即拿出人民币300元和一张银行卡交给孙某。离开孙坛的餐馆后，孙某将钱和卡交给了两人。两人挟持孙某到银行取钱，由于忘记密码，没有身份证又未能取到钱，两人即放走孙某，并要求孙某取到钱后再与他们联系。之后两人多次打电话威胁孙某将钱汇入他们指定的户头，否则就要销毁出租车的有关证件，炸毁出租车，并砸、烧其兄孙坛的餐馆。孙某向公安机关报案，同年8月12日，孙某按照公安机关安排，前往某酒店将财物交付给黄某和张某，黄某在酒店接钱时被公安人员抓获，后在公安机关调查期间从派出所逃离；张某在被抓捕过程中将警察打成轻微伤，逃离现场。

黄某、张某商议共同到某高档小区盗窃，二人进入周某家中行窃，黄某在客厅行窃，张某在卧室行窃。适逢室主周某醒来，张某为了抗拒抓捕，对周某实施暴力，周某朝张某扔东西，但没有砸中张某，却误将客厅的黄某砸成轻伤。

两人决定分头逃离小区，黄某向东门逃，张某向西门逃，东门的保安尾随而来，黄某以为保安是来抓自己的（保安以为停在大门内的轿车是黄某的，来叫黄某开走），为了抗拒抓捕，黄某将保安打成轻伤后逃离。两人后来发现在周某家仅取得250余元财物。

张某逃至外地后，化名蓝某，掌握到可通过"钓鱼网站"向他人发送"钓鱼链接"获取银行借记卡信息的手段，只要有人点击链接，误信其中内容输入个人账户和密码，便可从网站后台获取相关银行卡的账户、密码信息。通过上述方法，张某成功登录持卡人在广州某商业银行的网上银行账户，并将持卡人的预留手机号码进行更改，同时开通客户网上银行在线支付功能。在达到控制持卡人网上银行账户的目的后，张某积极联系第三方买家，根据买家的需求，用持卡人的网上银行账户在游戏商城为买家进行网上购物、手机话费和Q币、游戏币充值等，并以原价的7.5~8.8折向买家收取费用达到牟利的目的，到案发时，张某获利30余万元。张某后被抓获归案。

（案例来源：《刑事审判参考》第282、820号）

问题：（共25分）

1. 黄某获取他人工资款的行为，应当如何定性？为什么？（2分）

2. 黄某冒充交通局工作人员并将他人车开走的行为，应当如何评价？为什么？（4分）

3. 黄某和张某从孙坛处获取财物的行为，应当如何处理？为什么？（2分）

4. 黄某和张某在酒店取财的行为，应当如何处理？为什么？（4分）

5. 《刑法修正案（十一）》实施之后，张某将警察打伤的行为构成何罪？是否有法定量刑情节？（3分）

6. 黄某、张某去周某家取财的行为应当如何处理？（3分）

7. 周某的行为如何定性？若有多种学术观点，请予以说明。（3分）

8. 黄某将保安打伤的行为应当如何处理？为什么？（2分）

9. 张某利用钓鱼网站获利30余万元的行为应如何定性？为什么？（2分）

▼ 核心考点

盗窃罪　诈骗罪　招摇撞骗罪　抢劫罪　绑架罪　敲诈勒索罪　妨害公务罪　信用卡诈骗罪

答题区

📌 解题思路

1. 本题考查盗窃罪和诈骗罪的区分。

诈骗罪与盗窃罪的区别体现在两个方面：

（1）客观上，被骗人是否有处分能力。所有权人与占有权人都有处分权，如果是无处分能力人实施处分行为，不构成诈骗罪，有可能成立盗窃罪。

（2）主观上，被骗人是否有处分的意图。如果有则成立诈骗，否则则可能成立盗窃。这里的处分意图即交付占有，占有必须是具有社会观念意义上的占有，而非单纯的控制。

本案的犯罪对象是他人的工资款，这种工资款归公司控制。

黄某将其他员工的工资卡号改为其持有的银行账号是一种虚构事实的行为，这种行为让公司财务人员陷入了认识错误，以为计算机系统中记载的银行账号是公司员工真实的账号，从而将工资款打入黄某篡改的账户，造成公司多名员工工资流失，黄某的行为构成诈骗罪。

本案的原型是《刑事审判参考》第 820 号黄某诈骗案，指导意见认为：黄某非法登录公司人事系统，篡改计算机系统信息的行为具有秘密性，但公司财务人员毕竟是在受蒙蔽情况下，自愿将工资款交给黄某，即处分行为根本上是因为公司财务人员陷入认识错误而处分财产的，更符合欺骗的特征。因此，黄某的行为应当认定构成诈骗罪。

值得注意的是，侵入单位内部未联网的计算机不符合破坏计算机信息系统罪的对象特征，因为破坏计算机信息系统罪的对象是连接互联网的计算机。

2. 本题考查招摇撞骗罪和盗窃罪的认定。

《刑法》第 279 条第 1 款规定，冒充国家机关工作人员招摇撞骗的，处 3 年以下有期徒刑、拘役、管制或者剥夺政治权利；情节严重的，处 3 年以上 10 年以下有期徒刑。

黄某冒充交通局工作人员，这属于冒充国家机关工作人员招摇撞骗，构成招摇撞骗罪。

招摇撞骗罪的目的在于获取各种非法利益，不限于财产。但由于其刑罚可能低于诈骗罪，因此当冒充国家机关工作人员骗取数额较大财物时，择一重罪处罚。在本案中，黄某所想骗免的财物为 500 元，故只构成招摇撞骗罪。

王五虽弃车而逃，但在社会观念上，该车依然归王五占有，故黄某将车开走的行为构成盗窃罪，应当以盗窃罪和招摇撞骗罪实施数罪并罚。

3. 本题考查抢劫罪和绑架罪的区别。

抢劫罪必须当场施加强制行为，同时还要当场获得财物，强制手段与获得财物都必须发生在同一个时空场合。如果是事后取财，则不成立抢劫。这里需要注意的是对于"当场"的理解不能过于狭窄，即使强制行为与取得财物的行为不在同一场所，但只要从整体上看行为并无间断，也属于当场取财。

在本案中，黄某和张某去孙坛处获取财物在整体上与强制手段处于同一个时空场合，没有间断，其行为构成抢劫罪。

该行为不构成绑架罪，因为行为人没有向第三人勒索的目的，不符合绑架罪的构成要件。

4. 本题考查敲诈勒索罪的认定。

敲诈勒索罪是以非法占有为目的，对被害人实施威胁或者要挟的方法，强行索取财物，数额较大或者多次敲诈勒索的行为。

不过与抢劫罪不同的是，敲诈勒索罪中的威胁内容如果是暴力的话，它或者是低度暴力，或者是不具有当场可实施性的暴力威胁。在本案中，两人多次打电话威胁孙某将钱汇入他们指定的户头，否则就要销毁出租车的有关证件，炸毁出租车，并砸、烧其兄孙坛的餐馆。这种暴力威胁不具有当场的可实施性，所以不构成抢劫罪，只构成敲诈勒索罪。

这里的敲诈勒索罪属于独立的犯罪行为，与之前的抢劫罪不具有牵连关系。

本案的原型是《刑事审判参考》第282号"王团结、潘友利、黄福忠抢劫、敲诈勒索案"，指导意见认为，行为人放弃了前两阶段所采用的暴力手段，转而采用要挟的方式，不仅犯罪阶段明显，而且后阶段的敲诈勒索行为与前阶段的抢劫行为并不存在手段与目的、原因与结果的关系，属于刑法所规定的两种各自独立的不同犯罪，所以，本案不符合牵连犯的情况，应当与之前的抢劫罪实施数罪并罚。

同时，孙某交付财物的行为并非出于恐惧，而是基于公安机关的安排，因此行为人的恐吓和获取财物之间没有因果关系，黄某和张某两人的行为成立敲诈勒索罪的未遂，可以比照既遂从轻或减轻处罚。

5. 本题考查袭警罪的认定。

根据《刑法》第277条第1、5款的规定，以暴力、威胁方法阻碍国家机关工作人员依法执行职务的，构成妨害公务罪。暴力袭击正在依法执行职务的人民警察的，构成袭警罪。

此处的暴力、威胁不需要是高度暴力，因此，对于张某打伤警察的行为应当构成袭警罪。《刑法修正案（十一）》增加了袭警罪，暴力袭警不再是妨害公务罪的从重情节。

6. 本题考查转化型抢劫与一般抢劫的区别以及防卫的打击错误问题。

转化型抢劫是一种事后抢劫，它与一般抢劫的区别主要体现在暴力、胁迫等强制手段的使用时间。转化型抢劫是在获得财产之后使用强制手段的，而一般抢劫是在获得财产之前或之中使用强制手段的。比如小偷正在入户行窃，被主人发现，用刀威逼主人让其无法反抗，进而取得财物后离开，这属于在获得财产之中使用强制手段，系一般抢劫，而非转化型抢劫。

在本案中，取财行为没有结束，因此张某的行为成立一般型抢劫，无需数额较大即可入罪。2016年1月《最高人民法院关于审理抢劫刑事案件适用法律若干问题的指导意见》指出，入户或者在公共交通工具上盗窃、诈骗、抢夺后，为了窝藏赃物、抗拒抓捕或者毁灭罪证，在户内或者公共交通工具上当场使用暴力或者以暴力相威胁的，构成"入户抢劫"或者"在公共交通工具上抢劫"。因此，在本案中张某属于入户抢劫，应当在加重量刑幅度内量刑，但是对于黄某而言，由于没有参与暴力行为，所以黄某仅成立入户盗窃。

7. 本题考查正当防卫中打击错误问题。

在正当防卫过程中，如果出现打击错误，导致不法侵害人以外的第三人伤亡，该如何处理？在刑法理论中也有很大争议。因此对于周某导致黄某轻伤的行为，有三种观点：①成立正当防卫；②成立假想防卫；③成立紧急避险。

第一、二种观点遵循的是法定符合说的立场。

法定符合说认为不同的具体人在人的本质上可以等价，因此，不法侵害人与第三人之间在价值上具有等同性，既然对不法侵害人的攻击进行防卫成立正当防卫，那么由于打击错误对第三人进行防卫也可成立正当防卫。（攻击好人等同于攻击坏人，"正对不正"，自然是正当防卫，此乃第一种观点）

另外，法定符合说认为对象错误与打击错误的处理结论是一致的，如果防卫人出现对象错误，误认为第三者是不法侵害人而进行所谓防卫的，属于假想防卫，那么根据法定符合说，在打击错误的情况下，也宜认定为假想防卫。（法定符合说不区分打击错误和对象错误，所以把打击错误等同于对象错误，

也即误认好人为坏人，自然系假想防卫）

如果采取具体符合说的立场，人身专属法益不能等价，只有非人身专属的法益才可以等价。那么，第三种观点是恰当的。防卫人的行为并非针对不法侵害人的侵犯，而是对与此无关的第三人的攻击，这完全符合紧急避险的条件。（具体符合说认为好人和坏人是不同的人，所以行为人在攻击好人，属于"正对正"，故为紧急避险）

8. 本题考查转化型抢劫的目的。

刑法中的目的犯，目的并不需要实际实现，比如在绑架罪中，即便没有实际勒索成功，也不影响绑架罪既遂的认定。同样，在转化型抢劫罪中，如果行为人有抗拒抓捕等目的，但若此目的没有实现，比如误将与案件无关第三人当成抓捕者而把其打伤的，这都不影响抢劫罪的成立。

在本案中，黄某虽然出现认识错误，但其主观上存在抗拒抓捕的目的，因此，黄某可以成立转化型抢劫。《两抢意见》第5条规定，行为人实施盗窃、诈骗、抢夺行为，未达到"数额较大"，为窝藏赃物、抗拒抓捕或者毁灭罪证当场使用暴力或者以暴力相威胁，情节较轻、危害不大的，一般不以犯罪论处；但具有下列情节之一的，可依照《刑法》第269条的规定，以抢劫罪定罪处罚：①盗窃、诈骗、抢夺接近"数额较大"标准的；②入户或在公共交通工具上盗窃、诈骗、抢夺后在户外或交通工具外实施上述行为的；③使用暴力致人轻微伤以上后果的；④使用凶器或以凶器相威胁的；⑤具有其他严重情节的。在本案中，黄某导致保安轻伤，虽然其数额没有达到数额较大的程度，但也可以转化为抢劫罪，盗窃行为不再评价。但由于其暴力没有发生在户内，所以不能转化为入户抢劫。

9. 本题考查盗窃罪、诈骗罪和信用卡诈骗罪的区分。

《办理妨害信用卡管理刑案解释》第5条第2款规定，《刑法》第196条第1款第3项所称"冒用他人信用卡"，包括以下情形：①拾得他人信用卡并使用的；②骗取他人信用卡并使用的；③窃取、收买、骗取或者以其他非法方式获取他人信用卡信息资料，并通过互联网、通讯终端等使用的；④其他冒用他人信用卡的情形。

本案属于该司法解释所说的"窃取、收买、骗取或者以其他非法方式获取他人信用卡信息资料，并通过互联网、通讯终端等使用的"情形，所以应当以信用卡诈骗罪定罪量刑。

总之，窃取他人手机银行的信用卡信息并使用的，构成信用卡诈骗罪。当然，《刑法》第177条之一第2款还规定了窃取、收买、非法提供信用卡信息罪，其行为构成是窃取、收买或者非法提供他人信用卡信息资料的行为，所以，张某的行为既构成窃取信用卡信息罪又构成信用卡诈骗罪，应当从一重罪，以信用卡诈骗罪定罪量刑。

▶ 答题要点

1. 黄某虚构事实，将其他员工的工资卡号改为其持有的银行账号，让公司财务人员陷入了认识错误，将工资款打入黄某篡改的账户，造成公司多名员工工资流失。这构成诈骗罪。（2分）

2. 黄某冒充交通局工作人员，骗免出租车费，这属于冒充国家机关工作人员招摇撞骗，构成招摇撞骗罪。（2分）同时，黄某将车开走的行为构成盗窃罪，应当以盗窃罪和招摇撞骗罪实施数罪并罚。（2分）

3. 黄某和张某去孙坛处获取财物的行为和之前的抢劫行为在整体上处于同一个时空场合，没有间断，构成抢劫罪。（2分）

4. 两人在抢劫结束后，威胁孙某将钱汇入他们指定的账户，独立构成敲诈勒索罪，应当和之前的抢劫罪实施数罪并罚。（2分）但是，两人的恐吓和孙某交付财物之间没有因果关系，黄某和张某两人的行为成立敲诈勒索罪的未遂，可以比照既遂从轻或减轻处罚。（2分）

5. 张某打伤警察的行为构成袭警罪（2分），没有从重情节（1分）。

6. 在本案中，取财行为没有结束，因此张某的行为成立一般型抢劫，无需数额较大即可入罪。同时，张某在户内使用暴力，属于入户抢劫，应当在加重量刑幅度内量刑，但是对于黄某而言，由于没有参与暴力行为，所以黄某仅成立入户盗窃。（3分）

7. 对于周某导致黄某轻伤的行为，有三种观点：①成立正当防卫；②成立假想防卫；③成立紧急避险。（3分）

8. 在本案中，黄某虽然出现认识错误，但其主观上存在抗拒抓捕的目的，并导致保安轻伤，其入户盗窃行为可以转化为抢劫罪，但不属于入户抢劫。（2分）

9. 张某窃取他人手机银行的信用卡信息并使用，构成信用卡诈骗罪，同时还触犯窃取信用卡信息罪，从一重罪，应以信用卡诈骗罪论处。（2分）

热点案例十一　姚某贪腐案

[**案情**] 2013 年 10 月，姚某在任某省慈善总会秘书长、某省民政福利大厦筹建办公室主任期间，利用掌管省慈善总会慈善基金和基建资金的职务便利，以省慈善总会名义与大力公司（国有独资企业）签订借款协议，将省慈善总会的 440 万元公款借给大力公司用于支付工程保证金。2014 年 6 月至 2014 年 8 月，大力公司经理王某分 6 次将 440 万元返还。2015 年春节，王某私自从公司财务室以业务费的名义支出 10 万元，希望能够长期保持与姚某的个人私交。王某后去姚某家拜访，将装有现金的信封送给姚某，姚某坚决拒绝。王某在出门时将信封放在姚某家的鞋柜上，然后短信告知姚某，请其一定笑纳。姚某告诉妻子宋某花此事，妻子劝姚某说如果退还会伤了朋友之间的感情，姚某遂未退还。

王某染上赌博恶习，每周至少 3 次登陆"乐天堂"网站从事赌博，以虚构各类支出的名义从公司获得 170 万元，在"乐天堂"网站中悉数赔光。为了挽回损失，王某指使公司财务部负责人李某（另案处理）与"乐天堂"网站联系，签订资金支付服务合同，通过"Ecapay"系统，利用该公司管理的在快钱公司中开设的"merchant@ mudvc.com"等 5 个账户，为"乐天堂"等赌博网站提供结算服务，并从中收取服务费。其中，2016 年 12 月，大力公司管理的与"乐天堂"赌博网站对应的"Ecapay"系统账户（UK00002）进账人民币 6500 余万元。

2013 年 11 月，王某向某地农村合作银行申请办理一张信用卡，授信额度为人民币（以下币种同）10 万元。之后，王某使用该卡透支取现归还赌债，至 2014 年 7 月 10 日，已逾期透支 281 091.21 元，其中本金 81 743.30 元，经银行工作人员多次催收后仍未归还透支款。此后，王某改变联系方式以逃避银行催收欠款，至案发时仍未归还。

姚某妻弟宋某为某村村主任，宋某召集村民代表会议，决定通过自筹资金、社会募捐和政府补贴，硬化该村"柑木"公路，所占土地的性质为农民集体所有土地。2017年6月5日，宋某以村民委员会的名义，书面承诺将该工程交给兰某承包，兰某遂将工程承包给冯某，且向冯某收取项目转让费20余万元，并于次日给予宋某好处费10万元。

宋某后被人举报，县公安局接到举报后准备调查。宋某非常慌张，遂联系姐姐宋某花，请姚某帮忙摆平，同时将8万元现金交给宋某花。姚某后找省公安厅领导刘某，请刘某帮忙疏通一下。刘某后给县公安局领导打招呼，请其关照一下。后公安局决定不予立案调查。姚某后来得知妻子收了弟弟钱财，至案发时，没有退还财物。

2017年12月，王某因"乐天堂"网站一事被抓，在羁押期间交待了请求姚某借款并向其送10万元的事实。

（案例来源：《刑事审判参考》第804、805号）

问题：（共28分）

试根据所学刑法知识，全面分析姚某、王某、宋某的刑事责任。（分别为12分、13分、3分）

▶ **核心考点**

挪用公款罪　受贿罪　徇私枉法罪　网络犯罪　行贿罪　贪污罪

✎ **答题区**

▶ 解题思路

本题要求分析姚某、王某、宋某的刑事责任。

1. 姚某的刑事责任

（1）姚某的借款行为

姚某以省慈善总会名义与大力公司（国有独资企业）签订借款协议，将省慈善总会的 440 万元公款借给大力公司用于支付工程保证金，这种行为是否构成挪用公款罪呢？

挪用公款罪是指利用职务上的便利，挪用公款归个人使用的行为，《全国人民代表大会常务委员会关于〈中华人民共和国刑法〉第三百八十四条第一款的解释》规定，"归个人使用"是指：①将公款供本人、亲友或者其他自然人使用的；②以个人名义将公款供其他单位使用的；③个人决定以单位名义将公款供其他单位使用，谋取个人利益的。

如果认为姚某的行为属于立法解释规定的"个人决定以单位名义将公款借给其他单位使用的"，从而构成挪用公款罪，那么就必须证明姚某在挪用公款前有谋取个人利益的目的。

从本案的情形来看，当王某去姚某家拜访，将装有现金的信封送给姚某，姚某坚决拒绝。因此，很难证明姚某在挪用之前有谋取个人利益的目的。所以姚某的挪用行为不构成挪用公款罪。

（2）姚某收受 10 万元财物的行为

受贿罪是指国家工作人员利用职务上的便利，索取他人财物，或者非法收受他人财物，为他人谋取利益的行为。

根据 2016 年 4 月 18 日《最高人民法院、最高人民检察院关于办理贪污贿赂刑事案件适用法律若干问题的解释》第 13 条第 1 款第 3 项的规定，履职时未被请托，但事后基于该履职事由收受他人财物的，也可以构成受贿。换言之，在职人员只要有权钱交易的事实，即便履行职务时没有收受贿赂的想法，但只要办事之后基于该履职行为收受贿赂，一律以受贿罪论处。

根据这个规定，姚某事后收受王某的 10 万元财物，属于典型的事后受贿，构成受贿罪。

（3）关于妻弟宋某所送的 8 万元财物

《最高人民法院、最高人民检察院关于办理贪污贿赂刑事案件适用法律若干问题的解释》第 16 条第 2 款规定，特定关系人索取、收受他人财物，国家工作人员知道后未退还或者上交的，应当认定国家工作人员具有受贿故意。

姚某知道妻子收受他人 8 万元财物，但没有退还和上交，这应当认定其有受贿的故意。

同时，《刑法》第 388 条规定了斡旋受贿型受贿，"国家工作人员利用本人职权或者地位形成的便利条件，通过其他国家工作人员职务上的行为，为请托人谋取不正当利益，索取请托人财物或者收受请托人财物的，以受贿论处。"

构成斡旋受贿必须符合四个条件：

第一，斡旋受贿的行为人必须是国家工作人员，不包括离退休人员，也不包括单位。

第二，利用本人职权或者地位形成的便利条件。这是指行为人与被其利用的国家工作人员之间在职务上虽然没有隶属、制约关系，但是行为人利用了本人职权或者地位产生的影响和一定的工作联系，如单位内不同部门的国家工人员之间、上下级单位没有职务上隶属、制约关系的国家工作人员之间、有工作联系的不同单位的国家工作人员之间等。如果所利用的是纯粹的同学、亲友关系，则不属于斡旋受贿。

第三，通过他人的职务行为。斡旋人利用的是职权或地位的便利，而实际办事人（被斡旋人）则是通过"职务行为"。而职务则只是一种法律上的职权。

第四，无论是索贿还是收受财物，都必须谋取不正当利益。如果谋取的是正当利益，自然不属于斡旋受贿。

显然，在本案中，姚某利用了自己职权或地位形成的便利条件，通过刘某的职务行为，谋取了不正当利益，收受了请托人财物，所以构成斡旋受贿型受贿。

（4）关于姚某请刘某打招呼干预司法的行为

《刑法》第399条第1款规定了徇私枉法罪，它是指"司法工作人员徇私枉法、徇情枉法，对明知是无罪的人而使他受追诉、对明知是有罪的人而故意包庇不使他受追诉，或者在刑事审判活动中故意违背事实和法律作枉法裁判的"行为。

本案刘某的打招呼行为可能构成徇私枉法罪，这样姚某的行为则构成徇私枉法罪的教唆犯，应当根据其在共同犯罪中所起的作用来处理。

如果姚某构成徇私枉法罪的共犯的话，那么应当对其以徇私枉法罪和受贿罪（数额是8万元）从一重罪论处，然后再和受贿罪（10万元）实施数罪并罚。

2. 王某的刑事责任

（1）王某从公司支出10万元的行为

王某私自从公司财务室支出10万元，并未经过单位决策机构决策，属于个人行为，而非单位行为，因此构成贪污罪。

（2）送给姚某10万元财物的行为

《刑法》第389条第1款规定，为谋取不正当利益，给予国家工作人员以财物的，是行贿罪。

王某以个人名义将10万元送给姚某，希望能够长期保持与姚某的个人私交。这是个人行为，而非单位行为，所以不构成单位行贿罪，构成行贿罪。

（3）王某从公司支出170万元从事赌博的行为

王某从公司支出170万元从事赌博，这是典型的贪污行为，贪污罪是故意犯罪，而且必须具有非法占有公共财产的目的。非法占有的目的是本罪与挪用公款罪的主要区别。王某事后并未将亏空补足，所以应当以贪污罪，而非挪用公款罪论处。

同时，王某染上赌博恶习，每周至少3次登陆"乐天堂"网站从事赌博，这种行为构成赌博罪。

《最高人民法院、最高人民检察院、公安部关于办理网络赌博犯罪案件适用法律若干问题的意见》第2条第1款规定："明知是赌博网站，而为其提供下列服务或者帮助的，属于开设赌场罪的共同犯罪，依照刑法第303条第2款的规定处罚：……②为赌博网站提供资金支付结算服务，收取服务费数额在1万元以上或者帮助收取赌资20万元以上的；……"据此，王某的行为还构成开设赌场罪的共同犯罪，王某系帮助犯，要按照从犯论处，应当从轻、减轻或免除处罚。

2015年生效的《刑法修正案（九）》还规定了帮助信息网络犯罪活动罪，此案发生在《刑法修正案（九）》生效之后，显然还符合帮助信息网络犯罪活动罪的构成要件，应当和开设赌场罪的帮助犯从一重罪论处。

综上，王某同时触犯开设赌场罪和帮助信息网络犯罪活动罪，择一重罪论处，然后再和行贿罪、贪污罪、赌博罪数罪并罚。

同时，王某因开设赌场罪被抓，并交待了请求姚某借款并向其送钱的事实。这种交待，针对其贪污10万元而言，可成立自首。

《处理自首和立功意见》第2条第2款规定，犯罪嫌疑人多次实施同种罪行的，应当综合考虑已交代的犯罪事实与未交代的犯罪事实的危害程度，决定是否认定为如实供述主要犯罪事实。虽然投案后没有交代全部犯罪事实，但如实交代的犯罪情节重于未交代的犯罪情节，或者如实交代的犯罪数额多于未交代的犯罪数额，一般应认定为如实供述自己的主要犯罪事实。

因此，对于同种数罪，必须交待较重部分才能成立自首。由于王某实施了多次贪污行为，他所交待的贪污仅是贪污数额中很少的一部分，所以不成立自首。

但是，针对其行贿罪要从宽处理。《刑法》第390条第2款规定，行贿人在被追诉前主动交待行贿行为的，可以从轻或者减轻处罚。其中，犯罪较轻的，对侦破重大案件起关键作用的，或者有重大立功表现的，可以减轻或者免除处罚。

（4）王某恶意透支的行为

根据《办理妨害信用卡管理刑案解释》第6条第1、2款的规定，恶意透支，是指持卡人以非法占有为目的，超过规定限额或者规定期限透支，并且经发卡银行2次有效催收后超过3个月仍不归还的行为。对于非法占有目的应当综合考虑进行合理推定，不能客观归罪，不能单纯依据持卡人未按规定还款的事实认定非法占有目的。

《办理妨害信用卡管理刑案解释》第6条第3款规定了一些具体的推定情形，具有以下情形之一的，应当认定为《刑法》第196条第2款规定的"以非法占有为目的"，但有证据证明持卡人确实不具有非法占有目的的除外：①明知没有还款能力而大量透支，无法归还的；②使用虚假资信证明申领信用卡后透支，无法归还的；③透支后通过逃匿、改变联系方式等手段，逃避银行催收的；④抽逃、转移资金，隐匿财产，逃避还款的；⑤使用透支的资金进行犯罪活动的；⑥其他非法占有资金，拒不归还的情形。

根据上述司法解释，王某透支后改变联系方式，并使用透支的资金进行赌博犯罪活动，因此成立信用卡诈骗罪。

3. 关于宋某的刑事责任

（1）收受财物的行为

本题涉及受贿罪与非国家工作人员受贿罪的区别。两者区别的关键是看主体的身份，前者由国家工作人员构成，后者由非国家工作人员构成。但是，关于身份的认定，应当采取实质说，而非形式说。具体而言，关键要看行为人是否从事公务，如果没有从事公务，即便行为人在形式上具备国家工作人员的身份，也不能以受贿罪论处。

经村民代表会议决定，在村集体土地上自行修建道路，属于村民自治范围内的事务，而非公共事务，因此宋某收受财物的行为构成非国家工作人员受贿罪，不构成受贿罪。

（2）给姐姐8万元现金的行为

《刑法》第389条第1款规定，为谋取不正当利益，给予国家工作人员以财物的，是行贿罪。宋某给姐姐8万元现金，表面上是交给姐姐，实际上是给国家工作人员姚某，所以构成行贿罪。

综上，宋某构成非国家工作人员受贿罪和行贿罪。

▶ **答题要点**

1. 姚某的刑事责任

（1）姚某的借款行为

很难证明姚某在挪用之前有谋取个人利益的目的。所以姚某的挪用行为不构成挪用公款罪。（2分）

（2）姚某收受10万元财物的行为

姚某事后收受王某的10万元财物，属于典型的事后受贿，构成受贿罪。（2分）

（3）关于妻弟宋某所送的8万元财物的行为

姚某知道妻子收受他人8万元财物，但没有退还和上交，根据司法解释，这应当推定其有受贿的故意。（2分）同时，姚某利用了自己职权或地位形成的便利条件，通过刘某的职务行为，谋取了不正当利益，收受了请托人财物，所以构成斡旋受贿型受贿。（2分）

（4）关于姚某请刘某打招呼干预司法的行为

本案刘某的打招呼行为可能构成徇私枉法罪，这样姚某的行为可能构成徇私枉法罪的教唆犯。（2分）如果姚某成立徇私枉法罪的共犯，那么对其应当以徇私枉法罪和受贿罪（数额是8万元）从一重罪论处（1分），再和受贿罪（10万元）实行数罪并罚（1分）。

2. 王某的刑事责任

王某私自从公司财务室支出10万元，属于个人行为，构成贪污罪。（2分）

王某将10万元送给姚某，构成行贿罪。（2分）

王某从公司支出170万元从事赌博，构成贪污罪。（1分）

王某每周至少3次登陆"乐天堂"网站从事赌博，构成赌博罪。（1分）

王某为赌博网站提供资金支付结算服务，构成开设赌场罪的帮助犯，要按照从犯论处，应当从轻、减轻或免除处罚（1分），此行为还触犯帮助信息网络犯罪活动罪，应当从一重罪论处（1分）。

由于王某实施了多次贪污行为，他所交待的贪污仅是贪污数额中很少的一部分，所以不成立自首。（2分）

但是，针对其行贿罪要从宽处理。（1分）根据《刑法》第390条第2款的规定，行贿人在被追诉前主动交待行贿行为的，可以从轻或者减轻处罚。其

中，犯罪较轻的，对侦破重大案件起关键作用的，或者有重大立功表现的，可以减轻或者免除处罚。（1分）

王某恶意透支的行为，构成信用卡诈骗罪。（1分）

3. 宋某的刑事责任

宋某收受财物的行为利用的是村务管理之便，因此，构成非国有工作人员受贿罪。（2分）同时他还为谋取不正当利益，给予国家工作人员财物，构成行贿罪。（1分）

热点案例十二　赵某等组织作弊案

材料一： 赵某（时年15岁）、熊某、熊某某、陈某（三人时年16岁）系某县某中学学生，2017年，四人通过组建QQ群邀入大量中考考生，并在群中发布关于中考作弊的相关信息，宣传每科收费10元便可在考试时帮助作弊，收取部分考生费用后将其加入了以考试科目名称命名的QQ群。2017年6月23日中考期间，四人在利用手机获得由考场考生发出的部分试卷照片后，通过网络搜索等方式获取考题答案，并将答案发送在相应QQ群中帮助考生作弊。

材料二：《刑法》第284条之一规定，在法律规定的国家考试中，组织作弊的，处3年以下有期徒刑或者拘役，并处或者单处罚金；情节严重的，处3年以上7年以下有期徒刑，并处罚金。

为他人实施前款犯罪提供作弊器材或者其他帮助的，依照前款的规定处罚。

为实施考试作弊行为，向他人非法出售或者提供第1款规定的考试的试题、答案的，依照第1款的规定处罚。

代替他人或者让他人代替自己参加第1款规定的考试的，处拘役或者管制，并处或者单处罚金。（《刑法修正案（九）》新增）

材料三：《教育法》第21条规定："国家实行国家教育考试制度。国家教育考试由国务院教育行政部门确定种类，并由国家批准的实施教育考试的机构承办。"

材料四：教育部《国家教育考试违规处理办法》第2条规定，本办法所称国家教育考试是指普通和成人高等学校招生考试、全国硕士研究生招生考试、高等教育自学考试等，由国务院教育行政部门确定实施，由经批准的实施教育考试的机构承办，面向社会公开、统一举行，其结果作为招收学历教育学生或者取得国家承认学历、学位证书依据的测试活动。

问题：（共30分）

根据罪刑法定原则，评述上述案件的处理结果。

答题要求：

1. 在综合分析基础上，提出观点并运用法学知识阐述理由；

2. 观点明确，论证充分，逻辑严谨，文字通顺；

3. 不少于500字，不必重复案情。

📘**核心考点**

罪刑法定原则

✏️**答题区**

500 字

▶ 解题思路

刑法的论述题，一般都可以从两个角度来进行写作：

1. 刑法的机能

刑法的机能是刑法可以发挥的作用。刑法的机能包括两个方面：

（1）保护机能，即保护社会的机能。刑法规定了犯罪与刑罚，对社会进行保护，维护社会的正常秩序。

（2）保障机能，即保障人权的机能。刑法必须保障公民的人权不受刑罚权的不当侵害，刑罚权的行使必须遵循刑法的规定，受到罪刑法定原则的限制。

在法治社会，刑法不再是"刀把子"，而是"双刃剑"，一刃针对犯罪，一刃针对国家权力。这也就是德国学者拉德布鲁赫所说的刑法的悖论性，"自从有刑法存在、国家代替受害人施行报复开始，国家就承担着双重责任，正如国家在采取任何行为时，不仅要为社会利益反对犯罪者，也要保护犯罪人不受被害人的报复。现在刑法同样不只反对犯罪人，也保护犯罪人，它的目的不仅在于设立国家刑罚权力，同时也要限制这一权力，它不只是可罚性的缘由，也是它的界限，因此表现出悖论性：刑法不仅要面对犯罪人以保护国家，也要面对国家保护犯罪人，不单面对犯罪人，也要面对检察官保护市民，成为公民反对司法专横和错误的大宪章"。

2. 罪刑法定原则

罪刑法定是法治国家最重要的原则。罪刑法定原则的本质是限制国家的刑罚权，在其发展过程中，有过许多的理论来源，其中一个非常重要的理论来源是权力分立学说。

权力分立学说来源于西方政治哲学对人性幽暗面的洞察。人性中那些天然的良善和道德，时刻面临着各种严酷的试探和特权的侵蚀，并且事实无数次的证明，我们的人性最终无法抵制这些致命的诱惑。孟德斯鸠认为自由只存在于权力不被滥用的国家中。为了限制权力，一个很好的方法就是用权力制约权力。国家的立法权，司法权和行政权这三种权力应当分立以制衡。根据权力分立学说，只有立法者才有把一种行为规定为犯罪并处以刑罚的权力，司法者的作用仅在于按照立法者制定的规则定罪量刑。为了使司法者不至于僭越立法者的权力，刑法必须是尽量明确、公知和具体的。司法者只能根据既定的规则去判定公民的行为是否违规，是否应受处罚，而绝不能超出刑法规范去限制公民的自由。同时刑罚的执行机构（行政机关）也必须根据司法机关的有效判决，依据法律执行刑罚。

罪刑法定原则禁止不利于行为人的类推适用。类推不是适用规则，而是创造规定，是立法行为，而非司法活动，如果司法机关类推，那就违背了立法和司法的权力分立原则，是罪刑法定原则所禁止的。

但是，罪刑法定原则允许扩张解释。扩张解释是将刑法规范可能蕴含的最大含义揭示出来，是在一定限度内的解释极限化；类推解释是将刑法规范本身没有包含的内容解释进去，是解释的过限化。此外，扩张解释是为了正确适用法律，它并不产生新的法规，没有超越公民的合理预期；而类推解释则将产生新的规则，也超越了公民的合理预期。

正如，英国丹宁勋爵所言，当衣服上出现了皱褶，司法机关可以用熨斗把它熨平，但是当衣服上出现漏洞，只能靠立法机关予以修补。

3. 关于本题

本题争论的焦点是能否把中考解释为法律规定的国家考试，如果可以，那么四人的行为就可能构成组织考试作弊罪，否则就不能构成组织考试作弊罪。考生在答题时可以先从罪刑法定原则的允许扩张，禁止类推开始，然后再引入刑法机能的相关知识点。

▶ **答题要点**

组织中考作弊不构成犯罪。赵某、熊某、熊某某、陈某四人组织中考作弊，这种行为非常恶劣，但是它是否构成犯罪呢？

根据《刑法》的规定，组织考试作弊罪必须发生在法律规定的国家考试中，于是本案争论的焦点就是中考是否属于法律规定的国家考试。

《教育法》第21条规定："国家实行国家教育考试制度。国家教育考试由国务院教育行政部门确定种类，并由国家批准的实施教育考试的机构承办。"但是在教育部发布的《国家教育考试违规处理办法》中，却并无中考。

法无明文规定不为罪，法无明文规定不处罚，这是依法治国最重要的刑法原则。罪刑法定原则的本质在于限制国家的刑罚权，防止刑罚权的滥用。刑法是最严厉的法律，轻则剥夺人的财产，重则剥夺人的自由甚至生命。因此，司法机关对于刑罚权要保持足够的克制，不到万不得已，不应轻易动用刑罚。

权力导致腐败，绝对权力导致绝对腐败，所有的权力天然都有扩张的倾向，无法仅靠自身保持克制。因此对于刑罚权这种最可怕的权力一定要保持最严格的约束。刑罚权必须套上法治的镣铐，才能防止它的滥用。如果司法机关仅凭习惯或者法理就可以对法律没有规定的行为施加刑罚，那么公民的自由也就岌岌可危。每一个守法公民都有可能成为刑罚权滥用的对象。欲加之罪，何患无辞，是我们这个民族用无数的鲜血所换来的教训。

根据法理，罪刑法定原则禁止类推。类推不是适用规则，而是创造规定，是立法行为，而非司法活动，如果司法机关类推，那就违背了立法和司法的权力分立原则，是罪刑法定原则所禁止的。

但是，罪刑法定原则允许扩张解释。扩张解释是将刑法规范可能蕴含的最大含义揭示出来，是在一定限度内的解释极限化；类推解释是将刑法规范本身没有包含的内容解释进去，是解释的过限化。此外，扩张解释是为了正确适用法律，它并不产生新的法规，没有超越公民的合理预期。

在本案中，如果将中考解释为法律规定的国家考试，那么显然是在创造规定，而非适用规则，属于罪刑法定原则所禁止的类推适用。

正如英国丹宁勋爵所言，当衣服上出现了皱褶，司法机关可以用熨斗把它熨平，但是当衣服上出现漏洞，只能靠立法机关予以修补。

必须说明的是，在现代社会，刑法的机能不仅仅是惩罚犯罪，还要保障人权。刑法涉及国家与犯罪人这两方面的主体。二者中国家处于绝对的强势地位。如果刑罚权不受法律的严格约束，那么处于弱势一方的犯罪人，在强大的国家权力面前，几无还手之力。滥用刑罚，随意定罪，定会成为司法的常态。

在现代社会，刑法不再是"刀把子"，而是"双刃剑"，刑法既要惩罚犯罪，也要保障人权。一如德国法学家拉德布鲁赫所言："刑法不仅要面对犯罪人以保护国家，也要面对国家保护犯罪人，不单面对犯罪人，也要面对检察官保护市民，成为公民反对司法专横和错误的大宪章。"总之，刑罚权必须受到罪刑法定原则最严格的约束，在法无明文规定的情况下，即便行为的危害性再大，也不能突破法律，滥用刑罚。

组织中考作弊不构成犯罪，这是罪刑法定原则的要求。（30分）

模考演练一　张某肇事案

[案情]

材料一：2014 年 5 月被告人吕某进入新港卫服中心担任网络管理员，系临时工，2015 年 3 月转为正式职工。卫服中心系卫生局差额拨款的国有事业单位。2014 年至 2015 年 10 月间，吕某利用担任网络管理员的职务便利，在负责管理本单位医药信息的过程中，多次擅自对外提供医生药品用量等信息并收受某药品公司副经理邓某的财物，共计 5 万元。

材料二：2016 年 5 月，吕某被单位除名，吕某心情烦闷，在租车行租赁一辆小轿车作为交通工具。在正常使用数日后，因手头紧张遂伪造车主身份证将小轿车典当给寄卖行。后因租车行发现该车辆 GPS 定位系统失去联系遂报警。此间，吕某未缴纳租金，并将手机关机不与租车行联系。

材料三：2016 年 7 月 8 日至 14 日间，被告人邓某在对创娱公司运营的网络游戏"炎龙骑士"游戏卡进行充值时，利用易宝支付交易平台正在升级期间的系统漏洞，恶意输入虚假的卡号密码等信息，在没有实际支付充值金额的情况下获取创娱公司价值人民币（以下币种均为人民币）58 194 元的游戏点数，成功交易 238 笔，后将该游戏点数在淘宝网上折价售卖，获利 11 000 余元，造成通融通公司财产损失 58 194 元。2017 年 5

月19日，邓某主动到公安机关投案自首并退出全部赃款，同时还交待了向吕某行贿的事实。

材料四：2017年1月，黑恶势力太安社二号人物张某吸毒后驾驶越野轿车，在高速公路上超速行驶，导致其驾驶的越野轿车与骑着电动车的吕某发生碰撞，致吕某重伤。经鉴定，张某在此事故中负主要责任。吕某在医院治疗时，担心被警察发现，遂逃离医院。在离开医院时，由于身体虚弱，跌入沟渠，溺毙而亡。事故发生后，张某也被送往医院接受治疗，其在交警向其询问时，谎称自己姓名为刘路，并编造了虚假的家庭成员情况，且拒不交代肇事经过。张某害怕吕某给自己添麻烦，顿起灭口之念。

材料五：张某电告手下邱某，让他们去医院解决吕某。邱某于是前往吕某病房，假装医生，对"吕某"（实为李某）注射毒针，致其死亡。事后，邱某害怕张某谋害自己，遂到公安机关反映张某雇其杀人事实，遂案发。

问题：（共26分）

1. 在材料一中，吕某的行为应当如何处理？为什么？（5分）

2. 在材料二中，吕某的行为应当如何处理？为什么？（若有多种学术观点，请予以说明）（5分）

3. 在材料三中，邓某的行为应当如何处理？邓某的交待又应当如何评价？如果邓某的行贿行为是为了谋取单位利益，这对案件的定性和法律适用又有何不同？（5分）

4. 在材料四中，张某的肇事行为根据司法解释应当如何处理？（5分）

5. 在材料五中，张某和邱某的行为应当如何处理？为什么？（6分）

🔳 **核心考点**

受贿罪　交通肇事　共同犯罪与认识错误

✏ **答题区**

答题要点

1. 吕某的行为属于利用职权之便收受财物，该职权与公共事务管理有关，故其可以认定为国家工作人员（2分），其行为构成受贿罪（2分），受贿数额为5万元（1分）。

2. 吕某租赁车辆不予归还的行为构成侵占罪，该罪属于亲告罪。（1分）但其将车辆典当的行为根据不同学说有不同的处理方式。如果采取无权处分有效说，典当铺没有遭受财物损失，则吕某的典当行为不构成诈骗罪。（2分）但如果采取无权处分无效说，典当铺遭受了财物损失，则吕某的典当行为构成诈骗罪。（2分）

3. 邓某获取他人游戏点数的行为构成盗窃罪，其数额为58 194元。（1分）邓某主动投案的行为对于盗窃罪而言属于自首，同时还交待了向吕某行贿的事实，这对行贿而言成立准自首。对于其盗窃罪和行贿罪都可以从轻或减轻处罚，情节较轻的，可以免除处罚。（2分）如果邓某的行贿行为是为了谋取单位利益，则其行为属于单位行贿，但由于单位行贿的入罪标准是10万元，所以邓某的行贿不构成犯罪，其交待向吕某行贿的事实就不属于如实供述，而是检举揭发，故成立立功。对其可以从轻或减轻处罚。（2分）

4. 根据司法解释，张某的行为属于交通运输肇事后逃逸。（2分）张某的肇事行为已经符合交通肇事罪的基本构成要件，同时其事后又为逃避法律追究而逃逸，按照司法解释应当直接以交通运输肇事后逃逸论处，量刑幅度是3年以上7年以下有期徒刑。（3分）

5. 邱某的行为属于对象错误（1分），无论按照法定符合说还是具体符合说，都构成故意杀人罪的既遂（1分）；邱某的行为属于自首，可以从宽处理（1分）。但是张某的行为属于打击错误。（1分）按照法定符合说，其行为构成故意杀人罪的既遂。（1分）但按照具体符合说，对于李某的死亡，张某构成过失致人死亡罪；对于吕某，张某构成故意杀人罪的未遂。（1分）

模考演练二　割耳寻仇案

事实一：甲女因刘某酒后对其性侵，遂雇佣打手乙割掉刘某一只耳朵，约好乙持刘某耳朵，甲给付乙5万元报酬。乙前往刘某住宅，但刘某因外出公干，长期未能返家。乙赴刘宅多次，都未能寻见刘某。

事实二：乙妻病重住院，急需钱财治病，乙遂与一名乞丐约定，用1万元购买乞丐一只耳朵。乞丐于是将耳朵切下，交给乙，乙将事先准备好的1万元冥币支付给乞丐，然后离开现场。

事实三：乙谎称该耳朵是刘某之耳，让甲女付钱。甲女将2万元交给乙。乙获款后，骑车便跑，甲女觉得有诈，遂追赶乙，让乙返还财物，乙大怒，将甲打成轻伤。

事实四：甲越发生气，计划将乙杀死，遂暗中在乙家中的净水器中投入毒鼠强。甲的同事丙为丁仇人，当其得知甲杀乙的详情后，遂雇佣丁去乙家做保洁，并特别提醒丁，渴了就直接喝净水器中的水，这水干净好喝。丙提前把乙家房门打开，丁在保洁过程中口渴，饮水后死亡。

事实五：甲杀人后决定马上远走他乡，在乘坐火车外逃时，铁路警察见其神情慌张，对其进行盘问，甲非常害怕于是将事情原委向警察和盘托出，并交代刘某曾强暴过她的事实。公安人员后将刘某与乙抓获。

事实六：经查，刘某2005年1月曾因为故意伤害罪判处8年有期徒刑，附加剥夺政治权利3年，2011年5月刑满释放（服刑期间有减刑）。

问题：（共24分）

1. 事实一中，甲女雇佣打手乙的行为，应如何定性？（若有多种学术观点，请予以说明）（3分）

2. 事实二中，乙获得乞丐耳朵的行为，应如何定性？乙支付假币的行为应当如何定性？乙如果以期待可能性理论作为辩护理由，是否可行？甲

对乞丐的伤害是否是打击错误，是否要承担刑事责任？（6分）

3. 事实三中，乙让甲女给钱，后又将其打伤的行为，应如何定性？（2分）

4. 事实四中，甲和丙的行为应当如何处理？（若有多种学术观点，请予以说明）（6分）

5. 事实五中，甲向民警交代事情原委及刘某对她的性侵犯事实，应当如何定性？（5分）

6. 事实六中，如果刘某的强奸行为发生在2016年10月，对此强奸行为能否给予缓刑或假释？为什么？（2分）

▶ **核心考点**

教唆未遂　被害人承诺　期待可能性　转化型抢劫　片面共犯　间接正犯

✎ **答题区**

◤ 答题要点

1. 甲女雇佣打手乙的行为属于故意伤害罪的教唆行为，乙的故意伤害属于犯罪预备。（1分）根据教唆从属说，因为乙没有实行行为，故甲女的教唆行为不构成犯罪。（1分）根据教唆独立说，甲女的教唆行为属于教唆未遂，可以从轻或减轻处罚。（1分）

2. （1）乙的行为属于教唆自伤行为，因为自伤本身不构成犯罪，因此教唆者也不构成故意伤害罪，故乙不构成故意伤害罪。（3分）

（2）乙支付冥币的行为不构成使用假币罪，因为没有侵犯货币的公共信用。（1分）

（3）乙不能以期待可能性作为辩护理由。因为在此案中，妻子生病不是

乙犯罪的正当理由。（1分）

（4）如果认为乙构成故意伤害罪，甲也不对乞丐的伤害承担责任。本案不属于打击错误，无论是甲还是乙都没有出现任何错误。本案乙属于另起犯意，与甲没有任何关系。（1分）

3. 乙的行为构成转化型抢劫。乙谎称该耳朵是刘某之耳，让甲女付钱的行为构成诈骗罪。（1分）根据《刑法》第269条的规定，犯诈骗罪，为抗拒抓捕、毁灭罪证、窝藏赃物而当场使用暴力或用暴力威胁的行为转化为抢劫罪。（1分）

4. （1）甲的行为属于打击错误，投毒行为已经对法益构成紧迫性的威胁，属于着手，故对丁的死亡是着手后打击错误。按照法定符合说，甲的行为构成故意杀人罪既遂；按照具体符合说，甲针对乙成立故意杀人罪未遂，针对丁成立过失致人死亡罪。（2分）

（2）对于丙的行为，应该分情况讨论：

❶若根据法定符合说，甲的行为构成故意杀人罪既遂。同时按照法定符合说，人与人是等价的，故丙在帮助甲实施一个针对抽象的人的杀害行为。所以丙属于片面帮助犯，应当从轻、减轻或免除处罚。（2分）

❷若根据具体符合说，人与人不能等价视之，丙利用了甲的过失致人死亡行为对丁实施了杀害，所以丙成立故意杀人罪的间接正犯。（2分）

5. （1）甲向民警交代事情原委成立自首（1分），对于甲的雇佣打手的行为（若成立教唆未遂的话）和故意杀人行为，可以从轻或减轻处罚（0.5分），情节较轻的，可以免除处罚（0.5分）。

（2）甲交代刘某对她的性侵犯事实成立一般立功（2分），对其可以从轻或减轻处罚（1分）。

6. 因为刘某的强奸行为发生在前罪刑满释放的5年后，所以不属于累犯，故符合条件的，可以给予缓刑和假释。（1分）累犯的时间是从主刑执行期满开始计算，而非从附加刑执行期满开始计算。（1分）

模考演练三　王某公车寻衅案

　　材料一： 王某2019年12月至2020年5月期间，租用二层楼门面房作为办公场所，并雇佣被告人姜某、陈某某、相某、崔某四人为工作人员，在网上发布对外经营小额贷款的广告。王某用自有资金及向他人吸收的资金，以个人名义按5%～20%的月利率向公众发放高利贷款374笔，共计本金人民币2004.32万元，获利息808.2694万元。

　　材料二： 王某在某地搭乘12路无人售票公交车，因未及时购票而遭到司机的指责，王某遂生不满，便辱骂司机，并上前扇打司机的耳光。司机停车后予以还击，双方厮打，后被乘客劝止。司机重新启动公交车在行驶过程中，王某再生事端，勒令司机立即停车，并殴打正在驾驶的司机，并与司机争夺公交车的变速杆，致使行驶中的公交车失控，猛然撞到路边的通讯电线杆后停下。结果通讯电线杆被撞断，车上部分乘客因此受伤（重伤一人）、公交车受损，直接经济损失近万元。因为被媒体报道，王某后让与其长相相似的刘某冒名顶替去公安机关投案，并给刘某50万元作为酬金。

　　材料三： 2020年6月，王某另外注册了一个公司（金碧建筑工程公司），承包了辉煌房地产开发公司一处楼盘，工程竣工验收合格后，辉煌公司一直拖欠工程款不给，王某通过熟人找到省政协领导张某，请求该领导帮忙，张某给该市建委主管领导丁某打电话，希望丁某督促辉煌公司尽快向金碧公司支付工程款，在丁某的协调下，金碧公司顺利拿到工程款，为表示感谢，王某送给张某人民币20万元，同时还给张某一张以自己名义开办的信用卡。后张某多次透支达25万余元，王某知情，放任不管也不归还透支款。

　　问题：（共24分）

　　1. 在材料一中，王某的行为是否构成犯罪？如果构成犯罪，应以何罪

追究其刑事责任？（6分）

2. 在材料二中，王某的行为符合哪些犯罪构成？（如果符合某罪加重犯的构成要件，也需要回答）（5分）

3. 在材料二中，刘某的行为构成何罪？（2分）

4. 在材料三中，如果张某独吞此20万元，张某的行为是否构成犯罪？为什么？（3分）

5. 在材料三中，如果张某将20万元中的10万元分给丁某，张某的行为是否构成行贿罪？丁某的行为是否构成犯罪？为什么？（4分）

6. 根据上问的情况，王某的行为应当如何处理？对于张某的透支行为，王某是否承担责任？（4分）

核心考点

集资诈骗罪　时间效力　交通肇事罪　受贿罪　行贿罪　妨害司法罪

答题区

（此处为空白答题框，含横线）

📝 答题要点

1. 王某的行为构成犯罪，成立非法经营罪。（3分）2019年10月21日实施的两高两部《关于办理非法放贷刑事案件若干问题的意见》规定，违反国家规定，未经监管部门批准，或者超越经营范围，以营利为目的，经常性地向社会不特定对象发放贷款，扰乱金融市场秩序，情节严重的，以非法经营罪定罪处罚。此处的"经常性地向社会不特定对象发放贷款"，是指2年内向不特定多人（包括单位和个人）以借款或其他名义出借资金10次以上。其中高利贷需超过36%的实际年利率，个人非法放贷数额累计在200万元以上的，单位非法放贷数额累计在1000万元以上的，才达到入罪标准。因此，2019年10月21日之前的放高利贷行为不构成非法经营罪。（3分）

2.（1）王某成立以危险方法危害公共安全罪（1分），属于结果加重犯（1分），其刑罚幅度是10年以上有期徒刑、无期徒刑、死刑（1分）。

（2）王某同时构成妨害作证罪（1分），该罪是指采用暴力、威胁、贿买等方法阻止证人作证或者指使他人作伪证，王某采取金钱贿买方式让刘某作伪证，这符合妨害作证罪的主客观要件（1分）。

3. 刘某构成包庇罪（1分），刘某试图通过冒名顶替的方式掩盖王某的犯罪事实，这是典型的包庇行为（1分）。

4. 张某的行为不构成犯罪。（1分）从表面上看，张某的行为似乎符合斡旋受贿这种特殊的受贿，或者利用影响力受贿罪，但这两种犯罪，都必须谋取不正当利益。（1分）但在本案中，张某所谋取的是正当利益，所以不构成犯罪。（1分）

5. 张某分10万元给丁某的行为不构成行贿罪（1分），行贿罪也必须谋取不正当利益（1分）。丁某收受王某财物的行为构成受贿罪（1分），丁某属于利用职务之便收受贿赂，无论是谋取正当利益还是不正当利益都构成受贿罪（1分）。

6.（1）王某给张某送钱的行为不构成犯罪（1分），因为他谋取的是正当利益（1分）。

（2）王某构成信用卡诈骗罪，属于恶意透支。持卡人将自己的信用卡交给实际用卡人使用，持卡人对实际用卡人的恶意透支行为知情，且放任不管也不归还透支款的，持卡人构成信用卡诈骗罪。（2分）

 模考演练四 程某诈赌案

事实一：2013年10月12日上午，程某电话联系被告人王某，询问下午是否有赌局，其愿意参与赌博。王某答复等其联系好人后再通知程某。王某因想起被告人黄某可以通过在自动麻将机上做手脚控制赌博输赢，遂萌生与黄某合伙以诈赌方式从程某处弄点钱财。王某经与黄某联系并共谋后，当日下午，由黄某联系其他诈赌人员金某等人至约定赌博地点波曼大酒店501室棋牌室，并在自动麻将机内安装控制器，更换遥控骰子和带记号麻将，待安排妥当后联系王某，王某再约程某至上述地点进行赌博。自当日下午至晚上，王某、黄某、金某等人通过操作控制器的方式控制赌博输赢，共赢得程某现金 19 万余元、赌债 20 万元。程某觉得有诈，将所输赌金 19 万余元抢回，王某授意黄某拿出刀具，黄某拿出刀具在程某面前比划了一下，向程某说，如果你还想看到明天的太阳那就愿赌服输。程某无奈将钱还回，并写了一个 20 万元的欠条。

事实二： 王某多次催逼程某归还赌债，王某获悉程某的房屋已被程某协议卖与他人，便与程某恶意串通伪造借条，多写借款金额，并指使程某书写虚假的借款原因，以待日后起诉时骗取人民法院的裁判文书，待该房屋拍卖后可多参与分配。后王某持伪造的借条以程某因生意经营向其借款 20 万元不予归还为由，向人民法院提起民事诉讼，要求程某归还借款，程某配合作虚假陈述。人民法院作出民事调解书，确认程某应当偿还王某借款及利息共计 20 万元。王某向人民法院申请执行，人民法院作出执行裁定书，将程某的房屋及土地使用权予以查封。

事实三： 程某非常生气，为了向王某索要损失赔偿，找到社会人员刁某，骗刁某说王某家很有钱，雇请刁某去"绑架"王某上小学的儿子王甲，刁某信以为真。程某骑摩托车载着刁某至县实验小学附近，本来要把被害人王甲的照片交给刁某，但却误将王甲的同学席三的照片交给了刁某。程某随后离开学校。刁某跟随"王甲"至教室，将"王甲"骗出。刁某骑摩托车将"王甲"带至某酒店，用胶带和麻绳将"王甲"反绑，并用胶带将"王甲"口堵住，放在地下贮藏室内关押。程某打电话给王某，索要 25 万元赔偿。王某觉得非常莫名其妙，挂掉了电话，因为其子王甲并未被绑架。

事实四： 程某才发现绑错了对象，回到地下室，结果发现席三已经死亡（后经鉴定，系胶带堵住口鼻窒息而死）。程某非常害怕，于是让刁某将席三尸体扔入水库。刁某私下向席三家长索要财物 30 万元，并称若不立即给钱，就马上撕票。席三家长当即报警，刁某索要钱财未果。后两人分别逃往外地。后被捕归案。

问题：（共 30 分）

1. 根据事实一，王某和黄某构成何罪？并说明理由。（6 分）

2. 根据事实二，王某和程某的行为如何定性？并说明理由。（6 分）

3. 根据事实三，程某和刁某的行为如何定性？并说明理由。(6分)

4. 根据事实四，程某、刁某对席三的死亡分别承担何种责任？(6分)

5. 刁某索要财物的行为应当如何处理？(6分)

▶ 核心考点

诈骗罪　打击错误　对象错误　非法拘禁罪　绑架罪

✎ 答题区

（此处为横线书写区域，无文字内容）

📖 答题要点

1. 王某和黄某的行为构成转化型抢劫。（3分）本案属于设骗局诱骗他人参赌，并非赌博行为。根据《刑法》第 269 条的规定，犯诈骗罪后为窝藏赃物而当场使用暴力或以暴力相威胁的行为可以转化为抢劫罪。这里需要说明的是，窝藏赃物是指保护已取得的赃物不被追缴或追回。（3分）

2. 两人的行为构成虚假诉讼罪的共同犯罪。（3分）虚假诉讼罪包括"单方欺诈"和"双方串通"两种类型。前者是指一方当事人提起虚假诉讼，侵害另一方当事人的合法权益，双方当事人之间存在实质的利益对抗关系。后者是指双方当事人恶意串通进行虚假诉讼，侵害案外第三人的合法权益，双方当事人之间不存在实质的利益对抗关系。（3分）

3.（1）程某的行为构成非法拘禁罪（1分），但刁某的行为构成绑架罪（1分），两者在非法拘禁罪的范围内成立共同犯罪。

（2）其中刁某是对象错误，无论法定符合说还是具体符合说，都不影响绑架罪既遂的认定。（2分）但程某属于打击错误，按照法定符合说构成非法拘禁罪既遂，但按照具体符合说构成非法拘禁罪的未遂。（2分）

4.（1）刁某用胶带将席三口鼻堵住具有高度危险性，所以具有放任死亡的心态，刁某属于绑架过程中故意杀人，系绑架罪的加重情节。（3分）

（2）程某对死亡结果存在过失，构成非法拘禁致人死亡的结果加重犯，应当在非法拘禁罪的加重刑罚幅度内量刑。（3分）

5. 刁某索要财物的行为符合诈骗罪和敲诈勒索罪的构成要件，本应当从一重罪处理。（3分）但此行为仍然属于绑架罪中的索要财物行为，因此无需再独立评价，只以绑架罪的加重犯处理即可。（3分）

 模考演练五　乐某吸毒案

[案情] 乐某有多年吸毒史，曾因吸毒被行政处罚。2011年1月乐某生育一女李甲（殁年2岁，生父不详）后，与李某同居。2012年3月乐某再生育一女李乙（殁年1岁）。在李某于2013年2月27日因犯罪被羁押后，乐某依靠社区发放的救助和亲友、邻居的帮扶，抚养两个女儿。乐某因沉溺于毒品，疏于照料女儿。2013年4月17日，乐某为了吸毒，决定将李甲送给张某，换取等价3万元的毒品。

乐某和张某约定在张某家交易，于是将李乙单独留在家中，并留下少量食物、饮水，用布条反复缠裹窗户锁扣并用尿不湿夹紧主卧室房门以防止小孩跑出。

乐某把李甲交给张某后，毒瘾发作，请求在张某家吸毒。张某同意，于是乐某在张某家卫生间吸食毒品。

期间李甲一直哭闹不休，张某非常生气，遂将孩子扔出窗外（张某家在一楼）。乐某吸食毒品之后，发现躺在地上的孩子，认为生死有命，遂不顾孩子而离去，孩子3小时后死亡，尸检结果显示李甲系外力致颅脑重度损伤，脑部出血而死。（案发地点1公里处有医院）

2013年5月1日，乐某因身体乏力，去卫生所检查，发现感染艾滋病。乐某非常绝望，没有回家，到处流浪。乐某离家后曾多次向当地有关部门索要救助金，领取后即用于在外吸食毒品、卖淫、玩乐，直至案发仍未曾回家。2013 年 6 月 21 日，社区民警至乐某家探望时，通过锁匠打开房门后发现李乙已死于主卧内。

乐某后被抓获，在羁押期间，她交待自己吸食毒品后产生幻觉，认为孩子都已经在极乐世界，没有痛苦。

问题：（共 18 分）

请根据所学刑法知识，全面分析本案。

▶ 核心考点

拐卖儿童罪　遗弃罪　故意杀人罪　传播性病罪　刑事责任能力　毒品犯罪　作为犯

✎ 答题区

▣ 答题要点

1. 乐某的刑事责任

（1）乐某将李甲送人的性质（2分）

乐某将亲生子女送给他人，换取 3 万元毒品，这属于以出卖为目的的拐卖儿童的行为，构成拐卖儿童罪。

（2）乐某对李甲的死亡应负刑事责任（2分）

乐某发现李甲受重伤，有救助义务和救助能力，却没有救助，以致发生死亡结果，构成故意杀人罪的不作为犯。

（3）乐某对李乙的死亡应负刑事责任（2分）

乐某将年仅 1 岁的孩子留在家中，任由其饿死，对孩子的死亡结果有放任的心态，构成故意杀人罪。

（4）乐某传播性病的行为（2分）

乐某明知自己有艾滋病，仍然在卖淫过程中传播性病，这构成传播性病罪，如果导致他人感染艾滋病，这构成传播性病罪和故意伤害罪的想象竞合，应当从一重罪，以故意伤害罪论处。

（5）乐某的刑事责任能力（2分）

乐某吸毒后产生幻觉，即便在行为时其辨认能力或控制能力减弱，但在法律上依然要认为其有完全的刑事责任能力，因为这属于自招危险。按照原因自由行为理论，乐某是多次吸毒者，知道毒品的危害，故意让自己陷入无能力状态实施了故意犯罪，应当承担故意犯罪的刑事责任。

2. 张某的刑事责任

（1）张某出售毒品的行为（2分）

张某出售毒品构成贩卖毒品罪，虽然毒品的对价是人，但此人被出售者作价 3 万元，所以张某的行为构成贩卖毒品罪。

（2）张某容留他人吸毒的行为（2分）

张某贩卖毒品后又为乐某提供吸毒处所，还构成容留吸毒罪。贩卖毒品之后又容留他人吸毒的应数罪并罚。

（3）张某购买孩子的行为（2分）

张某用毒品换取孩子，构成收买被拐卖的儿童罪，该罪与拐卖儿童罪是对合犯。

（4）张某致孩子死亡的行为（2分）

张某将孩子抛出窗外，客观上其伤害行为与死亡结果虽然介入了乐某的不作为行为，但此不作为无法切断因果关系，因此伤害行为与死亡结果之间有因果关系。

同时张某主观上对伤害有故意，对死亡存在过失，所以属于故意伤害致人死亡的结果加重犯，应当在加重刑罚幅度内量刑。

模考演练六　王某投毒案

材料一： 2015年1月，王某因怀疑徐某在某乡镇"格仔店"服装店试衣服时偷了一件衣服，于2015年2月2日18时许将徐某在该店的视频截图配上"穿花衣服的是小偷"等字幕后，上传到其新浪微博上，并发动网友"人肉搜索"徐某。同月4日，徐某因不堪受辱，跳水自杀。

材料二： 2015年3月，王某开鸭脖子店，生意不好。但嫉妒邻居刘某鸭脖子店生意很好。遂潜入刘某店后厨，在做鸭脖子的卤水中放入大量的亚硝酸盐。刘某在制作鸭脖子时感觉卤水有怪味，但觉得天气炎热，可能是卤水变质，由于经济上的考虑，所以决定继续用该卤水制作鸭脖子。后有多名购买鸭脖子的顾客中毒受伤。

材料三： 刘某后跳楼自杀。2015年4月，王某发现很多人用手机支付违章罚款，遂私下从刘某的遗物中取出一张银行卡，王某用刘某生日试出密码，并取出银行卡中剩余的6000元。王某后购买大量伪造的"违法停车告知单"，贴在路边占道停车的私家车上。假罚单上带有付款的二维码。车主扫码支付罚款，其实是在向刘某的银行卡付款。王某因此获利50万元。

材料四： 王某尝到甜头，开始钻研网络技术，2015年10月使用自行组装的台式电脑，登录某市红十字会网站管理后台，将其本人篡改过的包含虚假募捐账户的名为"某地地震捐款"的消息链接至某市红十字会网站上,致使网站管理员无法正常管理网站,某市红十字会网站被迫关闭27小时。王某发布的虚假消息载明募捐账户名为李某。至案发无募捐款项汇入该账号,该网页页面被浏览上万次。

材料五:王某后与张女交往,二人共同租住,2016年1月,张女用手机上网时发现一条"用绳子勒脖子会让人产生快感"的信息,决定与王某尝试一下,并准备了裙带作为勒颈工具。随后,两人面对面躺在床上,王某将裙带缠系在张某的颈部,用双手牵拉裙带的两端勒颈。其间,张某挣扎、呼救。邻居闻声而至,在外敲窗询问,王某答称张某在说梦话。后王某发现张某已窒息死亡。王某非常伤心,投河自杀,未果。王某万念俱灰,遂前往公安机关投案,并交待自己所实施的全部罪行,希望公安机关判处他死刑立即执行。

问题:(共20分)

1. 在材料一中,王某的行为构成何罪?此行为与徐某的自杀是否存在因果关系?如果存在会如何影响定罪量刑?(5分)

2. 在材料二中,王某的行为是否构成犯罪?为什么?(2分)

3. 在材料二中,刘某的行为是否构成过失以危险方法危害公共安全罪?为什么?(2分)

4. 在材料三中,王某将刘某银行卡的财物取出,应当如何处理?(若有多种学说,请予以说明)(2分)

5. 在材料三中,王某获取他人罚款50万元,应当如何处理?(2分)

6. 在材料四中,王某篡改红十字会网站信息,并发布捐款链接,应当如何定性?属于何种犯罪形态?(4分)

7. 在材料五中,王某致张女死亡构成何罪?王某请求判处其死刑,是否对量刑有影响?(3分)

🔖 **核心考点**

因果关系 侮辱罪 侵犯公民个人信息罪 诈骗罪 故意杀人罪 计算机犯罪 自首 时间效力 过失致人死亡罪

答题区

答题要点

1.（1）王某的行为是对他人的公然侮辱，导致他人社会评价降低，构成侮辱罪。（2分）如果按照《刑法修正案（九）》的规定还触犯侵犯公民个人信息罪，但由于王某的行为发生在《刑法修正案（九）》生效之前，根据从

旧兼从轻原则，其并不构成侵犯公民个人信息罪。（1分）

（2）本案中，王某的"人肉搜索"行为对被害人造成了巨大的心理压力，使其产生极度恐惧，并最终自杀身亡，自杀并未切断因果关系。王某的侮辱行为与徐某的死亡具有刑法上的因果关系。（1分）

（3）徐某的自杀属于严重危害社会秩序的情形，故本案不再属于亲告罪，而应该由检察机关提起公诉。（1分）

2. 王某构成投放危险物质罪。（2分）投放危险物质罪是指投放毒害性、放射性、传染病病原体等物质，危害公共安全的行为。它不同于生产、销售有毒、有害食品罪。后者虽然也会危害公共安全，但后罪是在有关食品的生产销售过程中发生的，目的通常是为了营利，不是追求毒害他人的结果。

3. 刘某的行为不构成过失以危险方法危害公共安全罪。过失以危险方法危害公共安全罪是一种兜底罪，如果可以构成具体罪名，就不应该以兜底罪论处。刘某主观上知道该卤水可能不符合食品安全标准，但客观上造成了食物中毒，这属于主观上想实施生产、销售不符合安全标准的食品罪，客观上构成了生产、销售有毒、有害食品罪，主客观在生产、销售不符合安全标准的食品罪范围内重合，故成立生产、销售不符合安全标准的食品罪。（2分）

4. （1）如果认为死者有占有权，那么王某的行为就属于盗窃信用卡并使用，从而构成盗窃罪。（1分）

（2）如果认为死者没有占有权，那么王某的行为就属于捡拾信用卡并使用，构成信用卡诈骗罪。（1分）

5. 由于被罚款人出现了认识错误，自愿交付了财物，所以构成诈骗罪。（2分）

6. 王某篡改红十字会网站信息的行为触犯了破坏计算机信息系统罪。王某违反国家规定，对计算机信息系统中存储、处理或者传输的数据和应用程序进行删除、修改，这符合破坏计算机信息系统罪的构成要件。（1分）

同时王某的目的是诈骗，其着手实施了诈骗行为，但未达既遂，故属于诈骗罪未遂，可以比照既遂从轻或减轻处罚。（2分）（《最高人民法院、最高人民检察院、公安部关于办理电信网络诈骗等刑事案件适用法律若干问题的意见》第2条第4款规定，诈骗数额难以查证，但具有下列情形之一的，应当认定为《刑法》第266条规定的"其他严重情节"，以诈骗罪（未遂）定罪处罚：①发送诈骗信息 5000 条以上的，或者拨打诈骗电话 500 人次以上的；②在互联网上发布诈骗信息，页面浏览量累计 5000 次以上的）

故对王某应当以诈骗罪未遂和破坏计算机信息系统罪从一重罪论处。（1 分）

7. 王某作为成年人，理应对勒颈可以致人死亡的常识有所认识，且当被害人被勒颈产生激烈反应，伴有脚踢床板、喊叫救命等行为时，王某更应明知其行为可能会产生致人死亡的结果，但仍放任被害人死亡结果的发生，其行为符合故意杀人罪的构成要件。（2 分）

鉴于王某案发后主动报警，如实供认自己的犯罪事实，构成自首，对其所犯的罪行都可以从宽处理。

王某请求判处其死刑可以视为一种悔罪表现，虽然不是法定的量刑情节，但可以作为酌定的量刑情节予以考虑。（1 分）

模考演练七　王某购枪案

材料一： 2016 年 1 月，王某成立了胜利建筑合伙企业，任执行事务合伙人。古某的舅舅席某系得水公立中学副校长，分管基建工作。王某找古某帮忙，希望古某帮助胜利建筑合伙企业拿一些项目。王某给古某 5 万元红包，希望古某向其舅舅推荐。古某于是向其舅舅席某竭力推荐胜利建筑合伙企业。后胜利建筑合伙企业与学校签订教职工宿舍改造工程合同。

材料二： 2016 年 7 月，王某听说古某对气枪有兴趣，遂非法购买 CP88 高压气手枪 1 支及相关气枪配件，送给古某。2016 年 8 月，古某认为气手枪威力小，欲获取高压气步枪。2016 年 9 月，王某在淘宝网上找到海外代购商程某，指使程某通过提供虚假的收货人身份信息并伪报商品信息，逃避海关监管，以 7100 元的价格从国外非法购入气步枪一支，气枪铅弹 10 盒 1625 发。王某将步枪和枪弹都送给古某。经鉴定，古某非法持有的 2 支高压气枪为枪支，1190 发气枪铅弹均为弹药，19 件枪支零件为枪支零部件。

材料三：胜利建筑合伙企业后改为胜利公司。经某县人民政府批准，县国土资源局挂牌出让某地块国有建设用地使用权。王某以胜利公司名义申请参加该宗土地使用权挂牌出让竞买活动，日照利华公司、春盛公司、国利公司、金沙公司均报名获得竞买资格。同年8月29日，王某与古某商议，以承诺给付补偿金的方式，让其他竞买人放弃竞买。当日，古某在"爵士岛"茶楼先后与其他竞买人商谈，春盛公司副经理马大中同意接受200万元退出；金沙公司法人代表邵春海、国利公司皇孝利均同意接受250万元退出。日照利华公司提出接受500万元退出。次日，在地块竞买现场，按照古某的安排，日照利华公司、春盛公司均未举牌竞价，金沙公司以8100万元的价格举牌竞价一次，王某以8200万元举牌竞价一次，国利公司皇孝利以8300万元举牌竞价一次，王某加价300万元举牌一次，最终以8600万元（保留底价8500万元）竞买成功。后古某共付给参与竞买的其他公司相关人员贿赂840万元。

材料四：2016年10月1日，王某听说得水中学有大工程要招标，托古某帮忙活动。古某表面上答应，但一直没有行动。王某遂对古某怀恨在心。2016年10月5日，王某以3万元雇佣邵某（1992年6月出生，2009年1月因故意伤害罪被判处6年有期徒刑，2013年3月被假释）将古某12岁的女儿古某丽骗走，王某指使邵某将古某丽送去A地某发廊卖淫，让古某后悔一辈子。邵某将古某丽绑在车上，在送往A地途中，对古某丽多次实施奸淫行为。

材料五：10月7日，王某又改变主意，害怕此事曝光，遂电话指使邵某将古某丽活埋。邵某说此事需要另付5万元，王某同意事成之后给付。邵某在挖坑时，古某丽一直哀求邵某放其逃走。邵某于心不忍，但又害怕古某丽告发，于是将古某丽卖给自己乡下表弟齐某做老婆，得款3000元。邵某告知古某丽千万不要逃跑，否则其父母都有生命危险。

材料六：10月14日，邵某告知王某已将古某丽活埋，但王某只愿付劳务费2万元。数月后，邵某因吸毒被公安机关抓获，在公安机关处强制戒毒期间邵某想起王某拖欠其3万元劳务费，便向公安机关交待了自己与王某伙同犯罪的全部事实，并协助公安人员将王某抓获。

问题：（共33分）

1. 在材料一中，王某和古某的行为应当如何定性？为什么？（4分）

2. 在材料二中，王某和古某的行为应当如何定性？为什么？（3分）

3. 在材料三中，王某和古某的行为应当如何定性？为什么？（3分）

4. 在材料四中，王某和邵某的行为应当如何定性？有哪些法定量刑情节？（8分）

5. 在材料五中，王某和邵某的行为应当如何定性？有哪些法定量刑情节？（5分）

6. 在材料五中，如果齐某对古某丽没有虐待行为，不阻碍对其进行解救的，是否可以不予追究齐某的刑事责任？（2分）

7. 在材料五中，如果齐某对古某丽有过猥亵行为，按照文理解释，这是否可以构成强奸罪？按照体系解释，这又该当何罪？（2分）

8. 在材料六中，邵某从王某处获取2万元财物，是否构成犯罪？为什么？（2分）

9. 在材料六中，邵某基于报复心态交待自己与王某伙同犯罪的全部事实，并协助公安人员将王某抓获，是否属于法定的量刑情节？为什么？（4分）

▶ **核心考点**

受贿罪　利用影响力受贿罪　枪支犯罪　拐卖妇女、儿童罪　刑法解释　强奸罪　教唆犯　自首和立功

✎ **答题区**

答题要点

1. （1）古某的行为构成利用影响力受贿罪，古某的舅舅是国家工作人员，古某通过舅舅职务上的便利，为请托人谋取不正当利益，收受财物，符合该罪的犯罪构成，构成犯罪。(2分)

（2）王某的行为是个人行为，而非单位行为，因为其设立的是合伙企业，所以不是单位犯罪。(1分）王某的行为符合对有影响力的人行贿罪的犯罪构成。(1分)

2. （1）王某购买枪支的行为构成非法买卖枪支、弹药罪，同时从境外购买枪支、弹药的行为构成走私武器、弹药罪。(2分)

（2）古某的行为构成非法持有枪支、弹药罪。古某不构成走私武器、弹

药罪。我国刑法规定了间接走私，即明知是走私物而予以收购。显然接受走私物不能解释为收购，否则就是一种类推适用。（1分）

3. 刑法规定，投标人相互串通投标报价，损害招标人或者其他投标人利益，情节严重的，构成串通投标罪。（1分）从刑法规定来看，没有对让他人退出竞标的行为做出规定。在本案中，为使王某顺利竞买成功，古某采取了行贿的手段，让他人退出，该手段行为显然触犯了对非国家工作人员行贿罪。（1分）但是两人采取行贿方式串通竞买，低价获得国有建设用地使用权，不符合串通投标罪的犯罪构成要件。（1分）（参考《刑事审判参考》第1136号张建军、刘祥伟对非国家工作人员行贿案）

4.（1）王某指使他人拐卖儿童并强迫卖淫，这属于教唆犯，应当按照他在共同犯罪中的作用来处理。

同时，《刑法》规定的拐卖妇女、儿童罪中，有一种加重情节是"诱骗、强迫被拐卖的妇女卖淫或者将被拐卖的妇女卖给他人迫使其卖淫的"，将女童解释为此处的妇女，属于罪刑法定原则所允许的扩张解释。（2分）

王某之后自愿放弃这种加重型拐卖妇女、儿童罪，属于加重犯的中止（1分），由于王某已经构成拐卖儿童罪的基本犯，所以属于造成损害结果的中止，应当在加重刑罚幅度内减轻处罚（2分）。

（2）邵某在拐卖过程中奸淫幼女，属于在拐卖过程中"奸淫被拐卖的妇女"，属于拐卖妇女、儿童罪的加重情节（1分），由于奸淫幼女本就应以强奸罪从重处罚，故邵某应当在拐卖妇女、儿童罪的加重刑罚幅度内从重处罚（1分）。

邵某在实施拐卖妇女、儿童罪时，假释期已经届满，所以无需撤销假释。但是由于他第一次实施故意伤害罪时不满18周岁，所以不成立累犯。（1分）

5.（1）王某让邵某杀人灭口，这属于故意杀人罪的教唆犯。（1分）对于王某而言，被害人未被杀害是其意志以外的原因所导致，无论按照教唆独立说，还是教唆从属说，都属于教唆未遂，可以比照既遂从轻或减轻处罚。（1分）

（2）邵某在犯罪过程中自愿放弃，属于故意杀人罪的犯罪中止（1分），由于没有造成损害结果，应当免除处罚（1分）。

邵某将古某丽卖给表弟的行为构成拐卖妇女、儿童罪。（1分）

6. 根据《刑法》第241条第6款的规定，收买被拐卖的妇女、儿童，对被收买儿童没有虐待行为，不阻碍对其进行解救的，可以从轻处罚；按照被买妇女的意愿，不阻碍其返回原居住地的，可以从轻或者减轻处罚。因此，如果齐某不阻碍对古某丽进行解救，其行为可以从宽处理。（2分）

7. 根据《刑法》第241条第2款的规定，收买被拐卖的妇女，强行与其发生性关系的，依照《刑法》第236条（强奸罪）的规定定罪处罚。

从文理的角度分析，性关系包括猥亵行为，所以构成强奸罪。（1分）但是从体系解释的角度分析，此处的性关系必须和《刑法》第236条中强奸罪的性关系具有一致性，所以就不能包括口淫等猥亵行为。因此，齐某的猥亵行为就应当以猥亵儿童罪定罪量刑。（1分）

8. 邵某从王某处获取2万元财物属于虚构事实，隐瞒真相获取他人财物的行为，构成诈骗罪。（2分）

9. 邵某的主动交待符合自动投案，如实供述的特征，成立自首。自首并不考虑动机，基于报复同案犯的目的自首的也成立自首。对于自首的，可以从轻或减轻处罚。（2分）

同时邵某协助公安人员将同案犯抓获的行为成立立功，由于同案犯可能被判处无期徒刑以上刑罚，所以这属于重大立功。对于重大立功的，可以减轻或免除处罚。（2分）

模考演练八 死刑的目的

材料一：被告人莫焕晶因长期沉迷赌博而身负高额债务，因此来到杭州做保姆。2017年6月21日晚至次日凌晨，被告人莫焕晶用手机上网赌博，输光了当晚偷窃朱某家一块手表典当所得的赃款3.75万元。为继续筹集赌资，其决意采取放火再灭火的方式骗取朱某的感激以便再向朱某借钱。凌晨4时55分许，莫焕晶用打火机点燃书本引燃客厅沙发、窗帘等易燃物品，导致火势迅速蔓延，造成屋内的被害人朱某及其子女林某2（男，殁年 10 岁）、林某 3（女，殁年 7 岁）、林某 4（男，殁年 4 岁）四人被困火场吸入一氧化碳中毒死亡。

一审法院以放火罪判处被告人莫焕晶死刑，剥夺政治权利终身；以盗窃罪判处其有期徒刑 5 年，并处罚金人民币 1 万元；二罪并罚，决定执行死刑，剥夺政治权利终身，并处罚金人民币 1 万元。二审法院维持原判，并报请最高人民法院核准。

材料二：2016 年 10 月 9 日，河南省安阳市中级人民法院公开宣判全国人大环境与资源保护委员会原副主任委员白恩培（曾任云南省委书记）受贿、巨额财产来源不明案。

白恩培犯两个罪：受贿罪，涉案金额高达 2.47 亿元；巨额财产来源不明罪。

法院宣判：决定对白恩培执行死刑，缓期二年执行，剥夺政治权利终身，并处没收个人全部财产，在其死刑缓期执行二年期满依法减为无期徒刑后，终身监禁，不得减刑、假释。

材料三：2011 年 5 月 1 日生效的《刑法修正案（八）》取消了 13 个死刑罪名，保留 55 个死刑罪名。

2015 年 11 月 1 日生效的《刑法修正案（九）》继续逐步减少死刑罪名，取消走私武器、弹药罪，走私核材料罪，走私假币罪，伪造货币罪，集资诈骗罪，组织卖淫罪，强迫卖淫罪，阻碍执行军事职务罪，战时造谣惑众罪等 9 个罪名的死刑。

问题（任选一题）：（共 30 分）

1. 请根据刑罚目的的有关理论，评析材料一。
2. 请根据材料二和材料三，谈谈对死刑的限制。

答题要求：

1. 在综合分析的基础上，提出观点并运用法学知识阐述理由；
2. 观点明确，论证充分，逻辑严谨，文字通顺；
3. 不少于 500 字，不必重复案情。

▶ **核心考点**

死刑　刑罚目的

问题 1：

✎ 答题区

（答题方格，空白）

500 字

▶ 参考范文

死刑仍需执行

对莫某判处死刑立即执行符合我国有关刑罚目的的基本理论。

刑罚既要起到一般预防的作用，又要实现特殊预防的作用。一般预防的对象是犯罪人以外的普罗大众。刑罚通过对罪犯的惩罚，约束公众的行为，使他们不敢铤而走险。

特殊预防针对的是犯罪人本人，防止他们将来再次犯罪。特殊预防至少可以在三个方面得到实现：首先是让罪犯身陷深牢大狱，把他们与社会隔离开来，不致再危害社会；其次，罪犯曾受的刑罚痛苦也提醒他们出狱之后要奉公守法，否则必将再次身陷囹圄，痛苦不堪；最后就是矫正刑，它强调对罪犯的教育改造，通过刑罚让他们洗心革面，重新做人。

在莫某放火案中，《刑法》规定，放火致人重伤死亡可以判处 10 年以上有期徒刑、无期徒刑直至死刑。莫某造成了四人的死亡，性质极其恶劣，对其判处死刑，符合民众基本的法感情。

事实上，我国刑法之所以保留死刑，正是因为普通民众有根深蒂固的杀人偿命的观念，如果对故意杀人等严重危及人身安全的犯罪不判处死刑，刑罚将很难获得普通公众的支持，因此，在很长一段时间内，死刑还是会存续下去。

同时，对其判处死刑能够体现一般预防的作用，不仅威慑潜在的犯罪分子，也让社会公众不断树立对刑法规范的尊重意识，防止杀人等恶性案件的出现。

另外，对莫某适用死刑也是特殊预防的需要，一方面，对莫某适用死刑可以防止其再次犯罪，危害社会；另一方面，面对严厉的刑罚，也可以让莫某意识到她所犯罪行的严重性，让其真正地幡然悔悟。

法律无法消灭邪恶，也很难改造邪恶，它只能有限地约束邪恶，避免邪恶的泛滥。如果说在法律中依然要保留改造罪犯的美好设想，那也必须让罪犯受到应得的严厉惩罚。

如果莫某最终被核准执行死刑，愿她在走向死亡的最后关头，可以真正地痛悔前非。但是，无论如何，死刑仍需执行。（30 分）

问题 2：

答题区

500 字

▶ 参考范文

死刑的限制

2015年11月1日，《刑法修正案（九）》正式实施，限制死刑成为本次修改的重点，这可谓法治建设中的一件大事。

保留死刑，限制死刑，少杀慎杀是我国基本的死刑政策。之所以要保留死刑，是因为普通民众有根深蒂固的杀人偿命的观念，如果对故意杀人等严重危及人身安全的犯罪不判处死刑，刑罚将很难获得普通公众的支持，因此，在很长一段时间，死刑还是会存续下去。

但是，死刑有可能出现误判，而人死不能复生，一旦误判，后果不堪设想。同时，死刑并非是最有效率的一种刑罚，与不可假释、减刑的终身监禁相比，后者可能更有效率，而且后者出现错误，有改正可能。再次，死刑有可能鼓励犯罪，人只有一条命，现代社会基于人道主义，又不能在执行方式上对死刑进行区分，因此，如果不加限制地适用死刑，很可能会将犯罪分子逼上绝路，鼓励其实施更多的犯罪。鉴于此，我国必须要严格地限制死刑的适用。

我国法律比较好地落实了限制死刑、少杀慎杀的政策，在死刑的适用条件、适用对象、适用程序和执行方式等方面进行了严格的限制。如死刑必须针对罪行极其严重的犯罪分子；犯罪时不满18周岁、审判时怀孕的妇女以及审判时已满75岁的老者（特别残忍的除外）不得判处死刑；死刑必须由中级以上人民法院作为一审法院；除由最高人民法院判决的以外，死刑立即执行必须报请最高人民法院核准；同时，我国还保留死缓制度，对死刑进行了限制。

本次刑法修正案进一步落实了限制死刑的政策。修正案延续前次修正案的一贯做法，废除了走私武器、弹药罪，走私核材料罪，走私假币罪等九个罪名的死刑，取消了绑架罪的绝对死刑条款。同时对于贪污罪和受贿罪，增加了终身监禁制度，大幅度地提高了生刑的严厉性，提高了死缓犯人的实际服刑期，为死刑在实践层面的限制做出了铺垫。

然而，我国的法律在限制死刑方面还存在一些不足。首先，我国死刑条款仍然过多，还有一些非暴力犯罪仍可适用死刑，这违反了生命权至高无上这一朴素的正义观念；其次，我国还存在绝对确定的死刑条款，如劫持航空器罪致人重伤、死亡或者使航空器遭受严重破坏的，要处绝对死刑，司法机关没有选择余地，这太过残苛；除此以外，在程序法方面，死刑复核在本质上仍是一种行政汇报程序，而非全备的诉讼程序。

　　为了实现限制死刑的精神，最高人民法院应当发挥表率作用，对非暴力犯罪的死刑判决尽可能不予核准，从而向各地方法院传达对非暴力犯罪不宜判处死刑的精神。在条件成熟时，应该通过立法程序，废除非暴力犯罪的死刑、废除绝对确定的死刑条款、建立更为严格的死刑复核程序。（30分）

图书在版编目（ＣＩＰ）数据

罗翔讲刑法/罗翔编著. —北京：中国政法大学出版社，2021.8
（主观题冲刺一本通）
ISBN 978-7-5764-0032-8

Ⅰ.①罗… Ⅱ.①罗… Ⅲ.①刑法－中国－资格考试－自学参考资料 Ⅳ.①D924

中国版本图书馆 CIP 数据核字(2021)第 173296 号

出 版 者	中国政法大学出版社
地　　址	北京市海淀区西土城路 25 号
邮寄地址	北京 100088 信箱 8034 分箱　邮编 100088
网　　址	http://www.cuplpress.com (网络实名：中国政法大学出版社)
电　　话	010-58908285(总编室) 58908433 （编辑部） 58908334(邮购部)
承　　印	北京铭传印刷有限公司
开　　本	720mm×960mm　1/16
印　　张	14
字　　数	235 千字
版　　次	2021 年 8 月第 1 版
印　　次	2021 年 8 月第 1 次印刷
定　　价	51.00 元

厚大法考（成都）2021年主观题面授教学计划

班次名称		授课时间	标准学费（元）	阶段优惠(元)		配套资料
				8.10前	9.10前	
冲刺系列	主观短训班	9.12～10.12	19800	10800	11800	主观题冲刺包 + 课堂内部讲义
	主观短训B班	9.12～10.12	19800	协议班次无优惠，不过学费全退。		
	主观密训营	10.01～10.12	11800	5880	6880	随堂密训资料
	主观密训营通关班	10.01～10.12	11800	协议班次无优惠，不过学费全退。		

其他优惠：

1. 团报：3人（含）以上报名，每人优惠200元；5人（含）以上报名，每人优惠300元；8人（含）以上报名，每人优惠400元。
2. 厚大老学员（直属面授）报名享9折优惠，厚大老学员（非直属面授）报名优惠200元。
3. 公检法司凭工作证报名优惠500元。

备注：根据2021年司法部主观题考试时间安排，部分面授班次时间将进行微调。

【成都分校】咨询电话：18613099103 王老师

厚大法考 APP

厚大法考官博

成都厚大法考

厚大法考（广州）2021年主观题面授教学计划

全日制（脱产）系列					
班次名称		授课时间	标准学费（元）	阶段优惠(元) 9.10 前	配套资料
大成系列	主观特训 A 班	8.10～10.12	23800	17800	主观题学习包+课堂内部讲义
	主观特训 B 班	8.10～10.12	23800	协议班次无优惠，不过学费全退	
冲刺系列	主观短训 A 班	9.15～10.12	19800	12000	主观题冲刺包+课堂内部讲义
	主观短训 B 班	9.15～10.12	19800	协议班次无优惠，不过学费全退。	
	主观决胜 A 班	9.24～10.12	14800	10200	
	主观决胜 B 班	9.24～10.12	14800	协议班次无优惠，不过学费全退。	
	主观密训营	10.1～10.12	11800	7000	随堂密训资料
	主观密训营通关班	10.1～10.12	11800	协议班次无优惠，不过学费全退。	
周末系列	主观周末全程班	3.27～10.12	20800	已开课	主观题学习包+课堂内部讲义
	主观周末精英班	3.27～9.19	17800	已开课	
	主观周末特训班	8.7～10.12	16800	13800	

厚大法考（深圳）2021年主观题面授教学计划

全日制（脱产）系列						
班次名称		授课方式	授课时间	标准学费（元）	阶段优惠(元) 9.10 前	配套资料
大成系列	主观特训 A 班	视频+面授	8.12～10.12	22800	14800	主观题学习包+课堂内部讲义
	主观特训 B 班			22800	协议班次无优惠，不过学费全退。	
冲刺系列	主观短训 A 班	视频+面授	9.15～10.12	19800	12000	主观题冲刺包+课堂内部讲义
	主观短训 B 班		9.15～10.12	19800	协议班次无优惠，不过学费全退。	
	主观决胜 A 班	视频+面授	9.24～10.12	15800	10200	随堂密训资料
	主观决胜 B 班		9.24～10.12	15800	协议班次无优惠，不过学费全退。	
	主观密训营	面授	10.1～10.12	11800	7000	
	主观密训营协议班		10.1～10.12	11800	协议班次无优惠，不过学费全退。	

其他优惠：

1. 团报：3人（含）以上报名，每人优惠200元；5人（含）以上报名，每人优惠300元；8人（含）以上报名，每人优惠400元。
2. 厚大老学员（直属面授）报名享9折优惠，厚大老学员（非直属面授）报名优惠200元。
3. 公检法司凭工作证报名优惠500元。

备注：根据2021年司法部主观题考试时间安排，部分面授班次时间将进行微调。

【广州分校】广州市海珠区新港东路1088号中洲交易中心六元素体验天地1207室
　　　　　　咨询热线：020-87595663/020-85588201

【深圳分校】深圳市罗湖区解放路4008号深圳大学继续教育学院 B 座11楼
　　　　　　咨询热线：0755-22231961

厚大法考 APP

厚大法考官博

广州厚大法考官微

深圳厚大法考官微

厚大法考（北京）2021年主观题面授教学计划

班次名称		授课时间	标准学费（元）	阶段优惠(元)		备　注
				8.10 前	9.10 前	
大成系列	主观特训 A 班	8.8~10.13	24800	18800	已开课	本班配套图书及讲义
	主观特训 B 班	8.8~10.13	24800	签订协议；不过退费 1 万元；协议班次无优惠；专属辅导，小班批阅。		
	主观提分班	8.30~10.13	22800	14800	15800	
	主观短训 A 班	9.15~10.13	19800	12300	12800	
	主观短训 B 班	9.15~10.13	16800	签订协议；不过退费 1 万元；协议班次无优惠；专属辅导，小班批阅。		
冲刺系列	主观决胜班	10.1~10.13	12800	8180	8680	
	主观密训营	10.7~10.13	9800	6680	7180	

其他优惠：

1. 3人（含）以上团报，每人优惠200元；5人（含）以上团报，每人优惠300元；8人（含）以上团报，每人优惠400元。
2. 厚大面授老学员（2019~2020 届）报班享阶段性优惠减500元，可适用团报，其他优惠不再享受。
3. 公、检、法工作人员凭工作证报名享阶段性优惠减300元，可适用团报，其他优惠不再享受。
4. 其他机构学员凭报名凭证享阶段优惠减300元，可适用团报，其他优惠不再享受。
5. 协议班次不适用以上优惠政策。

【总部及北京分校】北京市海淀区苏州街 20 号银丰大厦 2 号楼南侧二层

免费咨询热线：4009900600-1-1

码上咨询　　厚大法考 APP　　厚大法考官微　　厚大法考官博　　北京厚大法考官博　　厚大法考服务号

厚大法考（西安）2021年主观题面授教学计划

班次名称	授课方式	授课模式	授课时间	标准学费（元）	阶段优惠(元)			备注
					7.10前	8.10前	9.10前	
主观特训A班	视频+面授	全日制	8.15～10.13	22800	协议班次无优惠，签订协议；不过退13800元，专属辅导、小班批阅。			配备本班次配套图书及随堂内部资料
主观特训B班	视频+面授	全日制	8.15～10.13	22800	10880	11380	11880	
主观短训A班	视频+面授	全日制	9.15～10.13	16800	协议班次无优惠，签订协议；不过退10000元，专属辅导、小班批阅。			
主观短训B班	视频+面授	全日制	9.15～10.13	19800	9880	10380	10880	
主观决胜班	面授	全日制	10.1～10.13	12800	6380	6880	7380	
主观冲刺密训	面授	全日制	10.1～10.7	9800	4580	5080	5880	

其他优惠：

1. 多人报名可在优惠价格基础上再享团报优惠：3人（含）以上报名，每人优惠180元；5人（含）以上报名，每人优惠280元；8人（含）以上报名，每人优惠380元。

2. 厚大面授老学员在阶段优惠基础上再优惠500元，不再享受其他优惠；冲刺班和协议班除外。

【西安分校】西安市雁塔区西北政法大学北校区对面丽融大厦A座1802室

联系方式：18691857706李老师　18838987971刘老师　18636652560李老师　13891432202王老师（微信同号）　QQ群：534251171

厚大法考APP　　　厚大法考官博　　　西安厚大官博　　　西安厚大官微

厚大法考（郑州）2021年主观题面授教学计划

班次名称		授课模式	授课时间	标准学费（元）	阶段优惠(元)			备注
					7.10 前	8.10 前	9.10 前	
大成系列	主观暑期班	视频	7.12～9.13	9800	7380	已开课		本班次配套图书及随堂资料
	主观集训 A 班	视频+面授	7.12～10.12	25800	协议班次无优惠，签订协议；不过退15800元，专属辅导、小班批阅。			
	主观集训 B 班			25800	12380	已开课		
	主观特训 A 班	视频+面授	8.24～10.12	22800	协议班次无优惠，签订协议；不过退13800元，专属辅导、小班批阅。			
	主观特训 B 班			22800	11380	11880	12380	
	主观短训 A 班	面授	9.15～10.12	19800	协议班次无优惠，签订协议；不过退11800元，专属辅导、小班批阅。			
	主观短训 B 班			19800	10380	10880	11380	
冲刺系列	主观决胜班	面授	10.1～10.12	12800	7380	7880	8380	
	主观冲刺密训		10.1～10.7	9800	5080	5580	6080	

其他优惠：

1. 3人（含）以上团报，每人优惠180元；5人（含）以上团报，每人优惠280元；8人（含）以上团报，每人优惠380元。
2. 厚大面授老学员（2020届）报班享阶段性优惠减500元，可适用团报，不再享受其他优惠。
3. 公、检、法工作人员凭工作证报名享阶段性优惠减300元，可适用团报，不再享受其他优惠。
4. 其他机构学员凭报名凭证享阶段优惠减300元，可适用团报，不再享受其他优惠。
5. 协议班次不适用以上优惠政策。

【郑州分校】 郑州市龙湖镇（南大学城）泰山路与107国道交叉叉口向东50米路南厚大教学基地

招生热线：19939507026 李老师　17303862226 杨老师

厚大法考 APP　　厚大法考官微　　厚大法考官博　　QQ 群二维码　　郑州厚大法考面授分校官博　　郑州厚大法考面授分校官微